Irmi Hofmann
Köstlichkeiten aus Klöstern

Irmi Hofmann

Köstlichkeiten aus Klöstern

in Deutschland, Österreich, der Schweiz und Südtirol

Ehrenwirth · Landesverlag

Die Deutsche Bibliothek – CIP-Einheitsaufnahme

Hofmann, Irmi:
Köstlichkeiten aus Klöstern in Deutschland, Österreich, der Schweiz und Südtirol /
Irmi Hofmann. – München : Ehrenwirth ; Linz : Landesverl., 1996
ISBN 3-431-03474-8 (Ehrenwirth)
ISBN 3-85214-671-2 (Landesverl.)

© 1996 by Ehrenwirth Verlag GmbH, Schwanthalerstr. 91, D-80336 München
Umschlag: Atelier Kontraste, München
Satz: ew print & medien service gmbh, Würzburg
Druck: Landesverlag, Linz
Printed in Austria 1996
ISBN 3-431-03474-8 (Ehrenwirth)
ISBN 3-85214-671-2 (Landesverlag)

Bona coquina – bona disciplina
Gute Küche – gute Klosterzucht

– klösterliche Lebensweisheit, festgehalten und
ausgeführt in einer Dienstanweisung für den Prior
der Benediktinerabeit Maria Laach durch den Abt
des Klosters, Johann Augustin Machhausen (Abt
von 1553–1568) –

»Meine Töchter, es gibt keinen Grund zum Traurigsein....
wißt, ... daß Gott auch zwischen den Kochtöpfen zugegen ist.«

Heilige Teresa von Avila

Vorwort

Reisen bildet; eine Klosterreise bildet um so mehr, als Klöster über Jahrhunderte Keimzellen der Kultur und prägende Stätten der Geschichte des christlichen Abendlandes waren. In Klöstern sind Legende und Geschichte, Tradition und Erneuerung untrennbar ineinander verwoben.

Auch oder gerade in Klöstern weiß man von der Einheit von Leib, Geist und Seele: *»Primum vivere, deinde philosophari«* (zuerst leben, dann philosophieren).

»Zuerst muß der Mensch etwas Rechtes zu essen haben, um leben zu können, dann erst läßt sich philosophieren«, überträgt Pater Dr. Alfons Sprinkart, OFM Cap., Altötting, diesen lateinischen Spruch und stellt so den Zusammenhang zwischen leiblichem und geistigem Klosterleben her.

Gerichte und Geschichte aus Klöstern in Deutschland, Österreich, der Schweiz und Südtirol laden ein zu einer kulinarischen und historischen Reise, die Geist, Herz und Sinne erfreut. Nach häufigen, ausgedehnten Fastenzeiten dürfen auch Nonne und Mönch sich auf kulinarische Genüsse freuen:

»Wenn Rebhuhn, dann Rebhuhn – wenn Buße, dann Buße!« soll die Reformatorin des Karmelitenordens, die heilige Teresa von Avila, ausgerufen haben. Kein Wunder – besagt doch die wichtigste Fastenvorschrift der Karmeliten, die schon in der ursprünglichen Regel aus dem Jahr 1247 festgelegt ist: Gefastet wird von der Kreuzerhöhung (14. September) bis Ostern. Da die Kost in Klöstern häufig fleischlos ist, bereiten Klosterköche auch Fastenspeisen phantasievoll und schmackhaft zu. So werden in Klosterküchen Erzeugnisse aus dem Klostergarten und der Klosterökonomie jahreszeitgemäß auf den Tisch gebracht.

Die klösterliche Gastfreundschaft ist von jeher bekannt und geschätzt. So widmet der heilige Benedikt in seiner Regel der Speise, dem Trank und der Aufnahme von Gästen eigene Kapitel:

Die Aufnahme der Gäste (Kapitel 53)

(1) »Alle Gäste, die zum Kloster kommen, sollen wie Christus aufgenommen werden;

denn er wird einmal sagen: Ich war Gast, und ihr habt mich aufgenommen....

(9) Man liest dem Gast zur Erbauung aus dem göttlichen Gesetz vor.

Dann soll man ihn sehr freundlich bewirten.....«

Im Laufe von drei Jahren gewann ich auf dieser Klosterreise für Leib und Seele Einblicke in Geschichte, Kultur und Küche verschiedenster Klöster. Klosterköchinnen, -köche und Cellerare verrieten ihre besten Rezepte, Archivare durchstöberten ihre Bibliotheken auf der Suche nach historisch-kulinarischen Schätzen. Dank ihrer Hilfe können hier einmalige Raritäten veröffentlicht werden, wie z. B. Rezepte aus einer lateinischen Reisebeschreibung, die ein Mönch über die zweite Reise des Christoph Columbus anfertigte, Rezepte, die gegen Ende des 16. Jahrhunderts in einem Kloster handschriftlich aufgezeichnet wurden oder »Culinarische Notizen«, die von einem Apostelessen am Gründonnerstag des Jahres 1713 berichten.

So findet sich hier eine einmalige Sammlung aktueller und traditioneller klösterlicher Rezepte aus dem deutschsprachigen Raum, die jede Küche bereichern. Die Rezepte sind, falls nicht anders angegeben, für vier Personen ausgerichtet.

Die wichtigsten Quellen für meine Arbeit waren die persönlichen Gespräche mit Klosterleuten, mit Nonnen und Mönchen, die Interesse, Aufgeschlossenheit und Gastfreundschaft zeigten, die zu Chorgebet und Vesper einluden, die durch Kirche, Bibliothek oder Küche führten. Ich danke herzlichst allen, die mich christlichen Geist spüren, geschichtliche Zusammenhänge erkennen und kulinarische Schätze sammeln ließen!

Irmi Hofmann

Inhalt

Klöster in Österreich

Klöster in der Schweiz und in Liechtenstein

Klöster in Südtirol

Provinzhaus Hegne

der Barmherzigen Schwestern vom hl. Kreuz
Konradistraße 4
D-78476 Allensbach
Baden-Württemberg

Das Provinzhaus Hegne der Barmherzigen Schwestern vom heiligen Kreuz liegt am Ufer des Gnadensees, in unmittelbarer Nachbarschaft zur Insel Reichenau. Das ehemalige Schloßgut Hegne, einstmalige Sommerresidenz der Fürstbischöfe von Konstanz, ist seit 1895 Provinzhaus für die Schwestern in Deutschland.

Die 1856 in der Schweiz gegründete Schwesterngemeinschaft steht in der Tradition des heiligen Franz von Assisi und orientiert sich an seiner Regel. Seine brüderliche Hinwendung zu allen Menschen ist den Schwestern Vorbild und Herausforderung. Über 5000 Kreuzschwestern arbeiten heute in Europa, in den USA, in Indien, Taiwan, Brasilien und Afrika. So sind sie in der Alten- und Krankenpflege, in Kurkliniken, in Einrichtungen für Behinderte, in Kindergärten, Heimen und Schulen, in der Jugend- und Gemeindearbeit tätig.

Zum Kennenlernen des klösterlichen Lebens bietet sich in Hegne das Haus Franziskus an, für Exerzitien, Besinnungstage oder Ferien das Gästehaus St. Elisabeth.

Viele Menschen besuchen in der Krypta der Klosterkirche das Grab der seligen Kreuzschwester Ulrika Nisch (1882–1913). Das Geheimnis der 1987 **seliggesprochenen Küchenschwester** war »die ›Würze der Liebe‹, die sie allem, was mit ihr in Berührung kam, beimischte«, so berichten die Schwestern heute.

Schwester Maria Helmut stellt folgende Gerichte aus der Hegner Klosterküche vor:

HEGNER KRAUTTOPF

125 g Mehl
2 Eier, Salz

50 g durchwachsener Speck
3 gehackte Zwiebeln
500 g Sauerkraut
300 g gemischtes Hackfleisch

4 EL gehackte Petersilie

300 g Kartoffeln
⅛ l Milch
etwas Butter
nach Belieben Röstzwiebeln und Petersilie

Mehl, Eier und Salz zu einem Teig vermengen und diesen mit dem Spatzenhobel in kochendes Wasser treiben. Nach einmaligem Aufkochen die Spätzle herausnehmen und in heißem Wasser schwenken.
Speck würfeln und mit 1 EL Zwiebelwürfel andünsten. Sauerkraut zugeben, mit etwas Wasser ablöschen, abschmecken und 30 Minuten dünsten.
Aus Hackfleisch, dem Rest der Zwiebelwürfel und der Petersilie ein pikantes Haschee herstellen.

Kartoffeln schälen, würfeln und in wenig Salzwasser garen. Mit Milch und etwas Butter zu einem luftigen Brei rühren.
In eine feuerfeste Form eine Lage Kraut, eine Lage Spätzle, eine Lage Haschee einschichten. Haschee sollte den Abschluß bilden. Den Kartoffelbrei gefällig auf das Haschee spritzen. Auflauf im vorgeheizten Ofen bei 175 Grad etwa 45 Minuten backen. Mit Röstzwiebeln und gehackter Petersilie bestreut servieren.

APFEL IM GEWÜRZBETT

¼ l Weißwein
100 g Zucker
10 mittelgroße Äpfel

Teig:
6 Eier, getrennt
200 g Zucker
1 P. Vanillezucker

250 g Weckmehl (Semmelbrösel)
50 g Nüsse
1 EL Kakao
1 TL Lebkuchengewürz
2 EL Rum
2 gestrichene TL Backpulver
2 EL Aprikosenmarmelade
1 P. klarer Tortenguß

Weißwein mit Zucker aufkochen. Äpfel schälen, halbieren, Kernhaus entfernen und 10 Minuten im Weinsud leicht kochen.
Für den Teig Eigelb mit Zucker und Vanillezucker schaumig rühren. Weckmehl, Nüsse, Kakao, Lebkuchengewürz und Backpulver vermischen, mit Rum anfeuchten und vorsichtig unter die Eimasse heben. Eiklar steif

schlagen und unterziehen. Teig auf ein mit Backpapier belegtes Blech streichen. Apfelhälften auflegen und bei 175 Grad etwa 35 Minuten backen. Die Äpfel nach dem Backen mit heißer Aprikosenmarmelade bestreichen und den Kuchen mit Tortenguß überziehen. Nach dem Erkalten in gleichgroße Stücke schneiden.

Mallersdorfer Schwestern

im Franziskushaus des Seraphischen Liebeswerkes
Neuöttinger Straße 53
D-84503 Altötting
Bayern

Der bayerische Kapuzinerpater Cyprian Fröhlich gründete 1889 in Ehrenbreitstein das »Seraphische Liebeswerk« als »Verein zur Rettung und Erziehung armer, verwaister und verlassener, religiös und sittlich gefährdeter Kinder«. Als er 1893 in seine bayerische Heimatprovinz zurückkam, gründete er das Franziskushaus in Altötting als Kinderheim. Bald wurde diese zentrale Einrichtung des Liebeswerkes in Bayern auch zum Exerzitienhaus und zur Heimvolksschule ausgebaut.

Da die Ziele Pater Cyprians mit dem Auftrag und den Aufgaben der Mallersdorfer Schwestern übereinstimmen, wirkt diese Schwesterngemeinschaft von Anfang an im Franziskushaus. Die Schwestern betreuen heute etwa 100 Schüler in Heim und Schule. Das Exerzitienhaus mit 100 Übernachtungsmöglichkeiten steht auch bereit für Wallfahrer, Fortbildungskurse und religiöse Freizeiten.

Schwester Reingard und Schwester Rosina aus der Franziskushaus-Küche stellen zwei Beispiele aus ihrer Rezeptesammlung vor:

FESTTAGS-SCHWEINEFILET

750 g Schweinefilet
20 g Butter
Salz, Pfeffer
1–2 EL frische gehackte Kräuter
2 Zwiebeln

150 g grob geriebener Gouda
oder Edamer
1 Becher süße Sahne
1 TL Speisestärke
Salz, Pfeffer, Muskat

Scheinefilet in Scheiben schneiden und diese schuppenförmig in eine gut gefettete Auflaufform schichten. Salzen, pfeffern und mit den frischen Kräutern bestreuen. Zwiebeln schälen, in dünne Ringe hobeln und über den Filetscheiben verteilen. Im Rohr bei guter Mittelhitze etwa 20 Minuten braten, dann den Käse darüberstreuen und weitere 10 Minuten überbacken. Sahne mit Speisestärke verrühren, mit Salz, Pfeffer und Muskat abschmecken und über die Filetscheiben gießen. Nochmals 10 Minuten fertig garen.

4 Scheiben Schweinenacken (1 cm dick)
Salz, Pfeffer, Paprika
Mehl zum Wenden
2 EL Fett
¼ Knolle Sellerie
1 Stange Lauch
3 kleine Karotten

1 Petersilienwurzel
¼ l Brühe
1 Becher Sauerrahm oder Sahne
1 EL Speisestärke
Salz, Pfeffer
Kräuter nach Geschmack

Schweinenacken-Scheiben mit Salz, Pfeffer und Paprika würzen, in Mehl wenden und in heißem Fett anbraten. Gemüse waschen, putzen und kleinschneiden. Brühe zum Fleisch geben, Gemüse dazugeben und mitdünsten.

Wurzelschnitten etwa 1 Stunde zugedeckt garen, dann das Fleisch herausnehmen und die Soße mit Speisestärke und Sauerrahm oder Sahne binden und mit Salz, Pfeffer und Kräutern abschmecken.

Schwestern vom Heiligen Kreuz
Provinz- und Missionshaus Heilig Kreuz
Kreszentiaheimstraße 43
D-84503 Altötting
Bayern

Die Gemeinschaft der Schwestern vom Heiligen Kreuz wurde im Jahre 1844 in Menzingen/Schweiz vom Kapuzinerpater Theodosius Florentini und von Mutter Bernarda Heimgartner gegründet, um der sozialen und religiösen Not der Zeit entgegenzuwirken. 1896 wurde das Kloster in Altötting zum Zweck der Anbetung und Mission errichtet. Von 1898 bis 1939 entsandte das Missionshaus 524 Kandidatinnen und Schwestern in verschiedene Missionsgebiete. Heute wirken noch 120 Altöttinger Schwestern in den Missionsgebieten der Kongregation.

Die aktuellen Tätigkeitsbereiche dieser franziskanischen Gemeinschaft in der Heimat sind Erziehung, Unterricht, Behindertenarbeit, Kranken- und Altenpflege, Pastoral- und Seelsorgearbeit, Tätigkeit in hauswirtschaftlichen Bereichen und in der Verwaltung.

Schwester Bernarda gibt mit folgenden Rezepten Einblick in die Festtags- und in die Alltags-Küche des Provinzhauses:

SCHWEINEFILET AUF PILZMUS IM WIRSINGMANTEL

1 kg Schweinefilet
Salz, Pfeffer
50 g Butterschmalz
200 g Champignons
100 g Pfifferlinge
20 g Butter
1 kleiner Kopf Wirsing

100 g Kalbsbrät
1 Ei
1 TL Majoran
25 ml Olivenöl
$^1/_8$ l Rotwein
$^1/_2$ l braune Grundsoße

Schweinefilet häuten, Sehnen entfernen, mit Salz und Pfeffer würzen und im heißen Butterschmalz von allen Seiten anbraten.

Champignons und Pfifferlinge säubern und fein hacken, in der heißen Butter andünsten, dann abkühlen lassen. Wirsingblätter in kochendem Salzwasser blanchieren, abtropfen lassen, dicke Blattansätze entfernen und die Bätter auf der Arbeitsfläche ausbreiten.

Pilzmasse mit Kalbsbrät und Ei gut vermengen, mit Salz, Pfeffer und Majoran würzen. Masse auf die Wirsingblätter streichen, das Schweinefilet darauflegen und in die Blätter einrollen. Mit der »Verschlußseite« nach unten in eine Kasserolle oder in einen kleinen Bräter legen und mit Olivenöl beträufeln. Im vorgeheizten Backrohr etwa 30 Minuten braten. Filet herausnehmen und vor dem Anschneiden etwas ruhen lassen. Währenddessen Bratenansatz mit der braunen Grundsoße ablöschen, Rotwein zugießen und etwas einköcheln lassen.

PIKANTER OFENSCHLUPFER

5 altbackene Brötchen
150 g Schinkenspeck, fein gewürfelt
1 Zwiebel, fein gewürfelt
1 Bund Petersilie, gehackt
200 g Lindenberger oder Emmentaler Käse,
grob gerieben

$^1/_4$ l Sahne
$^1/_8$ l Milch
3 Eier
250 g Quark
Salz, Pfeffer

Brötchen in knapp 1 cm dicke Scheiben schneiden. Speck ausbraten, Zwiebelwürfel darin dünsten. In eine gebutterte Auflaufform abwechselnd Brötchenscheiben, Zwiebeln, Speck, Petersilie und Käse schichten, mit Käse abschließen. Sahne mit Milch, Eiern und Quark verrühren, mit Salz und Pfeffer würzen und über den Auflauf gießen. Bei 200 Grad etwa 30 Minuten im Rohr backen. Dazu passen verschiedene Salate.

Kloster Andechs
D-82346 Andechs
Bayern

Kloster Andechs zählt mit seinem Reliquienschatz (drei heilige Hostien, das Brautkleid der heiligen Elisabeth von Thüringen, das Siegeskreuz Karls des Großen, Zweige der Dornenkrone Christi) aus der Zeit des heiligen Rasso (gestorben 954) zu den bedeutendsten Wallfahrtsorten in Bayern. Die Reliquien aus der Burgkapelle wurden zu Beginn des 13. Jh. vergraben und der Legende nach durch eine Maus 1388 wieder aufgefunden. Dieser Fund zog Scharen von Wallfahrern an.

Im Jahre 1416 bauten Augustiner-Chorherren aus Dießen eine gotische Kirche, die in ihren Grundzügen heute noch erhalten ist. 1455 gründete Herzog Albrecht III. zur Betreuung der Wallfahrt ein Benediktinerkloster auf dem »Heiligen Berg«. Kloster und Reliquienschatz überstanden wechselvolle Zeiten.

Zur 300-Jahr-Feier des Klosters Mitte des 18. Jh. wurde die Klosterkirche durch den Hofmaler und Hofstukkateur Johann Baptist Zimmermann im Stil des Rokoko umgestaltet. Das 1803 durch die Säkularisation aufgehobene Kloster wurde 1850 von König Ludwig I. als Wirtschaftsgut der Benediktinerabtei St. Bonifaz in München wiederbegründet.

Der »Heilige Berg« ist auch heute als religiöses und kulturelles Zentrum mit verschiedenen Konzertreihen sowie einem Tagungsbetrieb Anziehungspunkt für Ströme von Pilgern und Touristen. Für das leibliche Wohl sorgen die traditionelle Klosterbrauerei, Bräustüberl und Klostergasthof. Bücher und Mitbringsel in großer Auswahl bietet der Klosterladen an.

Pater Prior Anselm, als bayerischer Benediktiner auch dem Kulinarischen nicht abgeneigt, hat das »Kloster-Andechs Kochbuch, Kochen für Leib & Seele«, Augsburg, 1995, verfaßt, in dem die angeführte Benediktinersuppe zu finden ist. Die beiden weiteren Gerichte empfiehlt Alexander Urban im Klostergasthof.

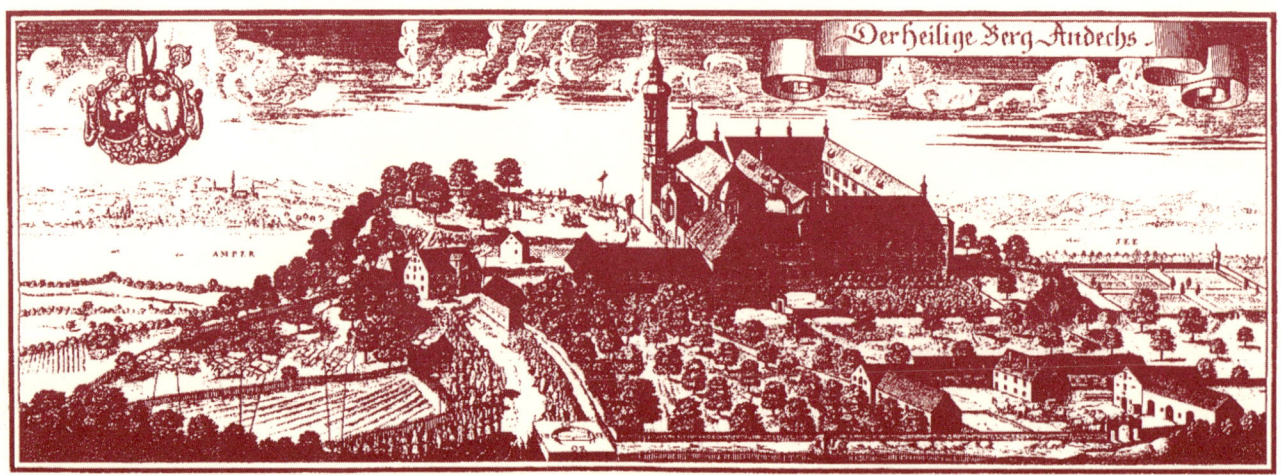

BENEDIKTINER-SUPPE

1 mittelgroße Forelle
1 Handvoll glatte, gehackte Petersilie
1 kleine, sehr fein gehackte Zwiebel
2 walnußgroße Stückchen Butter
2 Tassen helles Bier
3 Tassen entfettete Hühnerbrühe
1 Tasse Rahm

3 Eßlöffel Sauerrahm
Salz, 1 Prise Zucker
8 Weiß-(Toast-)brotscheiben
2 walnußgroße Stückchen Butter zum
Rösten desselben
2 Eßlöffel geriebener Parmesankäse

»Zerlege die rohe Forelle, damit du 2 grätenlose Filets hast, die du in große Würfel schneidest. Nimm einen mittelgroßen Topf, lasse die Zwiebel in den Butterstückchen glasig werden, gib die Fischreste, auch die Gräten und den Kopf dazu, das Bier und die entfettete Hühnerbrühe. Lasse alles 5 Minuten kochen.
Halbiere die Weißbrotscheiben und röste sie in Butter. Streue, wenn sie goldbraun sind, Parmesankäse darüber und lege sie beiseite.

Gieße nun die Brühe durch ein Sieb in eine Schüssel und gib sie wieder in den zwischendurch schnell ausgewaschenen Topf zurück. Lege bei mittlerer Hitze die Forellenwürfel hinein, rühre die Petersilie, den Rahm und den Sauerrahm hinzu und schmecke mit Salz und der Prise Zucker ab. Serviere in vorgewärmten Tellern und lege jeweils zwei der Weißbrothälften auf die Suppe.«

ANDECHSER BIERPARFAIT VOM BERGBOCK HELL
(Zutaten für 6 Portionen)

200 g Vollei, aufgeschlagen
200 g Grießzucker

0,75 l Vollrahm
0,25 l Andechser Bergbock hell

Rahm steif schlagen. Eier und Zucker im Wasserbad unter ständigem Rühren erwärmen, bis sich der Zucker gelöst hat (bei höchstens 50 Grad), dann schaumig rühren, bis die Masse fest und kalt ist. Den steif geschla-

genen Rahm darunterziehen, mit dem Andechser Bergbock hell parfümieren, in Formen abfüllen und gefrieren lassen.

BIERGULASCH
(Zutaten für 6 Portionen)

1,6 kg Rindsragout, geschnitten
0,1 l Öl
1,6 kg Zwiebeln, gewürfelt
100 g Paprika
10 g Knoblauch

10 g Kümmel
200 g Tomatenmark
0,2 l Kochwein, rot
1 l Bouillon
0,3 l Andechser Doppelbock dunkel

Zwiebeln und Fleisch in Öl dünsten, bis sich sirupartiger Saft gebildet hat. Paprika und Tomatenmark zufügen und ebenfalls etwas dünsten. Knoblauch und Kümmel

beifügen, mit Rotwein ablöschen, mit der Bouillon auffüllen und zugedeckt knapp weichdünsten. Mit Doppelbock dunkel abschmecken.

Benediktiner-Erzabtei
St. Martin
D-88631 Beuron
Baden-Württemberg

Der Sage nach hat Graf Gerold von Bussen 777 das erste Kloster Beuron gegründet. Nach der Zerstörung durch die Ungarn wurde 1077 die Anlage auf dem heutigen Platz als eines der ältesten Augustiner-Chorherrenstifte Deutschlands wiederaufgebaut. Papst Urban II. bestätigte die Gründung 1097.

Nach der fast völligen Zerstörung des Klosters im Dreißigjährigen Krieg ließen die Stiftsherren den Ost- und Westflügel 1694 durch Franz Beer wieder aufbauen und 1732–1738 die Kirche von Matthäus Scharpf neu errichten.

Durch die Säkularisation wurde das Stift aufgehoben und dem Hause Hohenzollern-Sigmaringen übertragen. 60 Jahre später ermöglichte die Stiftung der Fürstin-Witwe Katharina von Hohenzollern den Beginn neuen klösterlichen Lebens nach der Regel des heiligen Benedikt in Beuron. Aufgrund der preußischen Kulturkampfgesetze mußten die Benediktiner 1875 für zwölf Jahre ihre klösterliche Heimat erneut verlassen. Danach setzte jedoch ein starker Aufschwung im Kloster ein, der auch zu Erweiterungsbauten der Anlage führte.

Von Beuron sind zahlreiche Tochtergründungen ausgegangen, die zusammen mit dem Mutterkloster, der »Erzabtei«, einen eigenen Verband, die »Beuroner Benediktinerkongregation«, bilden. Dazu gehören u. a. die Abtei Maria Laach in der Eifel, die Abtei Gerleve in Westfalen, das Priorat Nütschau in Schleswig-Holstein und die Abtei Seckau in der Obersteiermark.

Die Tätigkeitsbereiche der Beuroner Benediktiner liegen heute in der Seelsorge, in der Wallfahrtsseelsorge (Wallfahrt zur gotischen Pieta von 1430), im wissenschaftlichen Arbeiten (Vetus Latina Institut, Bibelwissenschaft; Bibliothek mit 360 000 Bänden, Vortrags-, Vorlesungstätigkeit, Publizistik), in der Kunst, im Beuroner Kunstverlag, in der Buch- und Kunsthandlung, in der Betreuung von Museen, die in der ehemaligen Bibliothek eingerichtet wurden, in der Pflege der Gastfreundschaft (Hotel Pelikan, Pension Gregoriushaus, Gästeflügel im Kloster), in der Ökonomie und in den verschiedenen Werkstätten.

Der Stiftsarchivar, Pater Willibrord, entdeckte auf der Suche nach Kulinarischem eine Handschrift aus dem Jahre 1871, also aus der Zeit kurz nach der Wiederbesiedlung durch die Benediktiner (1862):
»Handbüchlein für die Brüder in der Küche im Kloster St. Martin Beuron«.

13. Sehr guter Butterteig von saurem Rahm

Ein Pfund Mehl,
20 Lot Butter,
ein Ei,

ein Schoppen dicker, säuerlicher Rahm,
4 Lot Zucker,
½ Teelöffel Salz

»Die Butter wird mit dem Mehl verrieben, danach in der Mitte eine Grube gemacht, das Bemerkte (die restlichen Zutaten) hineingegeben und im Kalten (rasch mit kühlen Händen) zu einem Teig verarbeitet, den man über Nacht ruhen läßt.« Dieser Butterteig wurde für verschiedene Obsttorten verwendet:

---

10. Himbeertorte

»10 Lot gesiebter Zucker und 10 Eigelb werden eine halbe Stunde gerührt. Die abgeriebene Schale einer halben Zitrone, 4 Lot gestoßene Mandeln, 6 Lot feinstes Mehl oder Stärke, dazugenommen und zuletzt der Schnee der 10 Eiweiß.

Ein Blech wird mit Butterteig ausgelegt, mit Himbeeren, welche mit Zucker ein wenig gekocht worden sind, gefüllt. Die gerührte Masse darübergegossen und gebacken.«

---

12. Johannisbeertorte

»½ Pfund gesiebter Zucker wird mit 6 Eiweiß, welche vorher zu Schnee geschlagen, recht dick gerührt, dann ½ Pfund gestoßene Mandeln und die abgeriebene Schale einer Zitrone dazu. Die Hälfte davon auf einen ausgewiegelten Butterteig gestrichen, dann die Beeren, welche 2 Stunden gut eingezuckert sein müssen, darauf, und oben darauf die andere Hälfte vom Guß und leicht gebacken. Die nämliche Torte kann man auch von Himbeeren oder Erdbeeren machen.«

---

11. Erdbeertorte

»Gedörrtes und gestoßenes Weißbrot wird mit Wein eingeweicht, mit Zucker und Zimt versüßt und ein großer Teller voll Erdbeeren dazugetan. Alles wohl untereinander gerührt, auf einen ausgewellten Butterteig gestrichen, mit Gitter belegt und gebacken. Ist sie fertig, so werden zwischen die Gitter hübsche, frische Erdbeeren gelegt und mit Zucker bestreut.«

Mutterhaus der Franziskanerinnen
Klosterstraße 6
D-89407 Dillingen/Donau
Bayern

Graf Hartmann IV. von Dillingen und Kyburg und sein Sohn Hartmann V., Bischof von Augsburg, stifteten 1241 in Dillingen materielle Güter zur Sicherung des Lebensunterhalts der »Frauen der großen Sammlung«, einer freien Schwesternvereinigung. 1303 veranlaßte der Bischof von Augsburg den Anschluß der Schwestern an die Straßburger Provinz der Minderbrüder. Seitdem leben die Schwestern als Terziarinnen nach der Dritt-Ordensregel des hl. Franziskus von Assisi.

War das Leben der Franziskanerinnen über Jahrhunderte zunächst rein kontemplativ ausgerichtet, so übertrug der Augsburger Bischof, Kurfürst Klemens Wenzeslaus, 1774 den Schwestern die Mädchenerziehung in der Stadt Dillingen. Im 19. Und 20. Jh. entwickelte sich das Kloster zu einem Zentrum der katholischen Erziehung, der Krankenpflege und Behindertenarbeit.

War die Gemeinschaft 600 Jahre lang ausschließlich in Dillingen beheimatet, so gründetet sie zwischen 1843 und 1933 in allen bayerischen Bistümern über 170 Filialen. Heute sind die Franzikanerinnen auch in den Vereinigten Staaten von Amerika, in Brasilien und in Indien tätig. Weit über den Raum Dillingen hinaus ist die Regens-Wagner-Stiftung bekannt, eine Behinderteneinrichtung, in die die Schwestern seit 1847 ihre Arbeitskraft einbringen. In einem Laden der Einrichtung sind Erzeugnisse aus den Werkstätten zu erwerben. Außerdem führen die Dillinger Franziskanerinnen einen Klosterladen.

Schwester Oberin Irma erzählt von einem alt tradierten Gebäck, das es heute noch im Kloster zu Allerseelen gibt und verrät auch das Rezept: »Bei uns (im Mutterhaus der Franzikanerinnen in Dillingen) ist es alter Brauch, daß es an Allerseelen die ›Seelenbrezen‹ gibt, in unserem Schwäbisch ›Sealabretzga‹ gesprochen. Gewöhnlich sind sie bereits Frühstücksbrot (sie könnten aber auch mit Kakao das Abendessen ausmachen). Unsere Schwestern Bäckerinnen lieben es, uns eine ›große Portion‹ aufzutischen, so daß wir zu tun haben, sie auf einmal aufzuessen. Das Refektor duftet leise nach Hefegebäck und Vanille: auch das gehört bei uns zur ›Allerseelenstimmung‹!«

»SEALABRETZGA«
(Allerseelenbrezeln)

500 g Mehl
30 g Hefe
60 g Zucker
60 g Butter
¼ l lauwarme Milch

1 Prise Salz
1 Ei
Geschmacksaromen: Zitrone, Vanille
1 Eigelb zum Bestreichen
Puderzucker zum Glasieren

Aus den angegebenen Zutaten einen Hefeteig herstellen. Teig in etwa 60 cm lange Stränge rollen (nicht allzu dick), deren Enden dünn auslaufen lassen. Die beiden Enden zu einem »Steg« zusammendrehen, zu einer Breze mit runder Form (großer Abstand in der Mitte) legen und die Enden des »Steges« als Schnörkel an der Mitte des Bre-zenkörpers befestigen. Da die Brezenrolle nicht zu dick ist, werden »Steg« und Schnörkel beim Backen etwas knusprig. Die Breze vor dem Backen mit verquirltem Eigelb bestreichen und bei Mittelhitze im Rohr hellbraun backen. Die »Sealabretzga« an der gesamten Oberfläche, bis auf die Unterseite, mit sehr dicker Puderzuckerglasur bestreichen.

Benediktinerinnenabtei St. Scholastika
Burg Dinklage
D-49413 Dinklage
Niedersachsen

Die alte Wasserburg Dinklage wurde im frühen 15. Jahrhundert von den Herren von Dinklage errichtet. 1614 gingen die aus dem 15. und 16. Jh. stammenden Gebäude der heutigen Burganlage an die Familie von Galen über. Am 16. März 1878 wurde Kardinal Clemens August von Galen, als großer Kämpfer gegen den Nationalsozialismus »Der Löwe von Münster« genannt, auf Burg Dinklage geboren.

Seit 1949 ist die Burg durch Geschenk des Grafen Christoph Bernhard von Galen ein Benediktinerinnenkloster. Im Juni 1949 haben Schwestern aus dem Kloster St. Gertrud in Alexanderdorf in der Mark Brandenburg auf Burg Dinklage das monastische Leben begonnen.

Die gemeinsamen Gebetszeiten wie Stundengebet und Eucharistiefeier prägen den Lebensrhythmus der Gemeinschaft. Der Ausgewogenheit des Lebens und dem Lebensunterhalt dient die Arbeit in verschiedenen Werkstätten (Handweberei, Paramentik, Hostienbäckerei) und im Garten, der biologisch bewirtschaftet wird. Einen wesentlichen Teil des Lebensvollzugs nach dem Evangelium und der Benediktusregel erfüllen die Schwestern, indem sie Gäste aufnehmen und ihnen die Möglichkeit zu geben, Ruhe und Kraft zu schöpfen für Leib und Seele.

Einen weiteren Aspekt benediktinischer Gastfreundschaft verwirklichen die Schwestern im Bildungs- und Exerzitienhaus Ökonomie Burg Dinklage in Zusammenarbeit mit einem Ehepaar, das dieses Begegnungshaus leitet. Mit dem Projekt »Martinsscheune« soll in der alten Scheune der Ökonomie eine Herberge für Menschen in Not geschaffen werden.

Gesunde Ernährung gehört nicht nur im Bildungshaus Ökonomie Burg Dinklage zur Philosophie des Hauses, auch im Kloster wird gesund und vollwertig gekocht, wie die Rezepte von Schwester Barbara zeigen:

ROTE-BETE-SALAT

2 mittelgroße rote Bete, fein geraspelt
2 Äpfel, grob geraspelt
1 kleine Dose Mandarinen
100 g Rosinen
50 g gehackte Walnüsse

Salatsoße:
3 EL Sahne
3–4 EL Magerquark
1 EL Honig
1 Prise Salz
2 EL Obstessig
1 TL Anis

Die genannten Zutaten für den Salat in einer Schüssel locker mischen, die Zutaten für die Salatsoße gut miteinander verrühren, fein abschmecken. Salatsoße über den Salat geben, etwa eine Stunde kühl ziehen lassen.

LUFTIGE SESAMKÜCHLEIN

²/₃ Tasse Naturreis
2 Tassen Salzwasser
¹/₄ Tasse Milch
2 Eigelb
4 EL Weizenvollkornmehl

Salz, Pfeffer
¹/₄ Tasse geröstete Sesamkörner
2 Eiweiß
Öl zum Backen

Naturreis in Salzwasser gar kochen. Milch mit Eigelb und Mehl verrühren, mit Salz und Pfeffer würzen. Sesamkörner mit Reis und der Eimasse vermengen, das steif geschlagene Eiweiß darunterziehen. Aus der Masse kleine Plätzchen in heißem Öl auf beiden Seiten goldgelb backen. Mit Salat servieren.

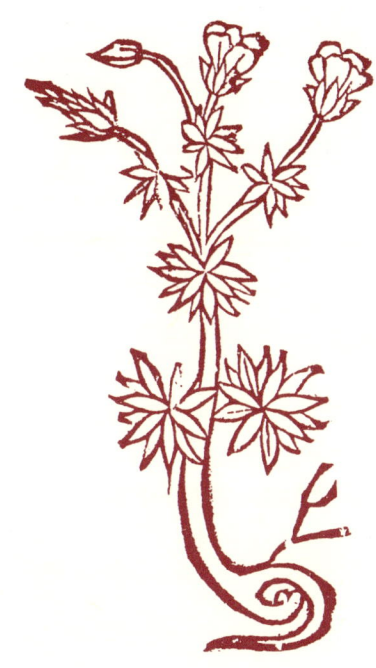

Benediktinerinnen-Abtei St. Hildegard

zu Eibingen
D-65378 Rüdesheim/Eibingen
Hessen

»Die Benediktinerinnen-Abtei St. Hildegard zu Eibingen liegt oberhalb der Rheinstadt Rüdesheim, am Fuße des Taunusgebirges. Das neuromanische Kloster wurde erst 1900 gegründet, doch seine geschichtlichen Wurzeln reichen bis ins 12. Jahrhundert zurück und knüpfen an die Klöster der heiligen Hildegard von Bingen auf dem Rupertsberg und in Eibingen an. In der im neoromanischen Stil wiedererrichteten Abtei leben heute 60 Ordensfrauen zwischen 25 und 88 Jahren. Siebenmal am Tag versammeln sich die Schwestern zum gemeinsamen Gebet, das weitgehend in lateinischer Sprache gesungen wird und die uralten Melodien des Gregorianischen Chorals zum Erklingen bringt.

Die Arbeitsgebiete umfassen Buch- und Kunsthandlung, Weinbau und Weinverkauf, Dinkel- und Likörverkauf, Goldschmiede, Kerzenwerkstatt und Restaurierungswerkstatt. Auch die Hildegard-Forschung und die Betreuung von Pilgern gehört zu den Aufgaben der Benediktinerinnen. Hinzu kommt die Sorge um Einzelgäste und Besucher, die nach Austausch, seelsorglichen Gesprächen, Exerzitien und Besinnungstagen suchen. In jedem Gast versuchen die Schwestern einen Anruf Gottes zu erkennen, auf den sie, ihren Möglichkeiten gemäß, antworten möchten.« So beschreibt Schwester Philippa kurz die Abtei St. Hildegard.

Der gesundheitliche Wert des Dinkelkornes wird heute wieder sehr geschätzt; zu welch schmackhaften Gerichten Dinkel verarbeitet werden kann, zeigen die Rezepte aus der Küche der Abtei St. Hildegard:

DINKEL-GRIEß- ODER DINKEL-SCHROT-SUPPE

1 l Fleischbrühe
40 g Dinkel-Grieß oder -Schrot
1 Möhre
1 Ei

Gewürze nach Geschmack
Suppengrün
Salz

Dinkel-Grieß oder -Schrot rösten. Die Fleischbrühe zum Kochen bringen, den Dinkel hineinstreuen, die Möhre fein reiben und dazugeben. Alles gut aufkochen lassen.

Nun das Ei mit etwas kaltem Wasser verschlagen und unterrühren. Mit Gewürzen, Salz und Suppengrün abschmecken.

DINKEL-KÜCHLEIN

250 g Dinkel-Schrot
1 l Wasser oder Fleischbrühe
2–3 Brötchen oder etwas Weißbrot
2 Eier

50 g Dörrfleisch (Räucherspeck)
Salz, Pfeffer, Muskat, Petersilie
1 Zwiebel, fein gewürfelt
Paniermehl, Fett zum Backen

Den Dinkel-Schrot in Wasser oder Fleischbrühe zu einem dicken Brei kochen. Das Dörrfleisch in kleine Würfel schneiden und ausbraten, die Zwiebelwürfel und die gehackte Petersilie leicht mitrösten. Brötchen oder Weißbrot fein zerbröckeln und mit den restlichen Zuta- ten unter den Dinkelbrei mengen. Mit den Gewürzen gut abschmecken und abkühlen lassen. Aus der Masse kleine Küchlein formen, diese in Paniermehl wenden und in heißem Fett goldbraun backen.

PFANNKUCHEN MIT DINKEL-GRIEß

250 g Dinkel-Grieß
250 g Weizenmehl
gut ³⁄₄ l Milch
4 Eigelb

4 Eiweiß
etwas Salz, Zucker
Fett zum Backen

Den Dinkel-Grieß in die Milch rühren und ungefähr eine Stunde quellen lassen. Dann Mehl, Eigelb und Salz unterrühren. Eiweiß steif schlagen und locker unterheben. Fett in einer Pfanne erhitzen und goldgelbe Pfannkuchen backen. Rasch zu Tisch bringen und vor dem Servieren mit Zucker bestreuen oder mit Marmelade bestreichen.

Die Pfannkuchen können durch Zugabe von einem Päckchen Vanillezucker und 3–4 Äpfeln, die in dünne Scheibchen geschnitten werden, jahreszeitgemäß variiert werden. Statt Äpfeln können auch Mirabellen oder anderes Obst verwendet werden.

Benediktinerabtei Ettal
D-82488 Ettal
Bayern

Das Kloster Ettal, fast 900 m hoch in einem engen Gebirgstal der bayerischen Voralpen gelegen, wurde 1330 von Kaiser Ludwig dem Bayern gestiftet. Anfangs bewohnten es nicht nur Mönche, sondern auch Ritter mit ihren Frauen. Bildhaftes Dokument der Gründung ist die Marmorstatuette der Ettaler Madonna im Hochaltar der Kirche, die der Kaiser von seinem Italienzug mitgebracht hat. Die Ritterstiftung erwies sich zwar bald als nicht lebensfähig, war aber mit ausschlaggebend für die Baugestalt der mittelalterlichen Kirche, die, barockisiert, heute noch erhalten ist. Das Münster »Unserer lieben Frau zu Ettal« ist ein stilistisch einmaliger zwölfeckiger Zentralbau, der ursprünglich mit einem gotischen Sterngewölbe über einer mächtigen Mittelsäule abschloß.

Zu Beginn des 18. Jh. wurden umfangreiche Baumaßnahmen eingeleitet, die ein Brand 1744 zunichte machte. Der Wessobrunner Stiftsbaumeister Joseph Schmuzer leitete daraufhin den Neu- und Wiederaufbau nach den Plänen des Architekten der ersten barocken Periode, Henrico Zuccalli (kurfürstlicher Hofbaumeister in München). Unter Nutzung der gotischen Mauern entstand die gewaltige neue Klosterkirche, deren ursprünglich spitz zulaufendes Gewölbe durch eine Kuppel ersetzt wurde, die das Höhenstreben des Raumes verstärkt. Das Kuppelfresko der im Wessobrunner Rokoko stuckierten Kirche zeigt die Entrückung und Krönung des heiligen Benedikt. Die Ettaler Kirche ist eingebettet in die Klosteranlage, die einen 100 mal 100 Meter großen Hof bildet.

Die Wallfahrt zur Ettaler Madonna entwickelte sich wegen der geografischen Abgelegenheit Ettals zwar langsam, ist aber in der nachreformatorischen Zeit stark angewachsen (gedrucktes Wallfahrtsbüchlein von 1548) und erreichte in der Zeit der barocken Frömmigkeit ihren Höhepunkt.

Heute zieht Ettal neben Wallfahrern im Sommer wie im Winter zahlreiche Touristen und Urlauber an. Neben herrlichen Spazierwegen findet man hier die – nach Meinung der Ettaler – schönste Langlaufloipe Bayerns. Tätigkeitsbereiche der Ettaler Gemeinschaft sind heute Seelsorge, Gymnasium, Internat, Erwachsenenbildung, klösterliche Wirtschaftsbetriebe wie Ökonomie, Brauerei, Likörherstellung, Klostergastronomie und Kunstverlag.

Erholungsuchende finden Unterkunft im klostereigenen Hotel »Ludwig der Bayer« oder in modernen Ferienappartements des Klosters. Klosterlikör, Mitbringsel und Bücher werden im Klosterladen und in der Klosterbuchhandlung angeboten.

Pater Josef, der Cellerar der Abtei, der sich als vielseitig interessierter Benediktiner um Kirchliches und Weltliches im Kloster kümmert und gelegentlich auch im Bergwald zur Motorsäge greift, interessiert sich auch für kulinarische Schätze. So stellt er Auszüge, insbesondere die illustrierenden Holzschnitte, aus dem Band »Teluma philosophorum Heimlichkeit der Naturen genannt, Freiburg 1525«, aus der Bibliothek Ettal zur Verfügung.

Den Holzerschmaus gibt es zur Brotzeit in der Blockhütte im Bergwald nach anstrengender Holzarbeit, das Rezept für den Ettaler Fastenauflauf kommt aus der Klosterküche, der Hirschbraten wird im Klosterhotel von Chefkoch Anton Warneke serviert.

HOLZERSCHMAUS
nach Pater Josef
(Zutaten für eine Holzfäller-Portion)

½ Zwiebel
4–5 dünne Scheiben durchwachsener Speck
2 Eier
100 g Mehl

ca. ⅛ l Milch
Salz, Zucker
Fett zum Backen
Majoran

Zwiebel in Würfel schneiden und in etwas Fett glasig dünsten. Mehl, Eier, Milch, Salz und eine Prise Zucker zu einem salzigen Pfannenkuchenteig verrühren. Speckscheiben in eine Pfanne geben und in etwas Fett anbraten. Teig langsam auf die Speckscheiben gießen.

Wenn die Masse fest wird, den Schmaus wenden, und auf der anderen Seite noch kurz anbraten. Mit den gerösteten Zwiebeln und mit Majoran bestreuen und sofort servieren.

ETTALER FASTENAUFLAUF

4 große Kartoffeln
1 große Zwiebel
3 Stangen Lauch
50 g Hartkäse, gerieben
3 Scheiben Emmentaler

1 TL Kartoffelmehl
⅛ l Rahm
1 EL Butter
Salz, Pfeffer
Röstzwiebeln

Kartoffeln schälen und in Salzwasser ankochen (nicht fertig garen!), abgießen und abkühlen lassen, dann in Scheiben schneiden.
Lauch putzen, in 1 cm lange Stücke schneiden und gründlich waschen. Zwiebel schälen und in feine Würfel schneiden, in der heißen Butter glasig anrösten, Lauch dazugeben und etwas dünsten lassen. Hartkäse zum

Gemüse geben, mit Salz und Pfeffer abschmecken. Rahm mit etwas Kartoffelmehl verrühren und zufügen. Kartoffelscheiben und Lauchgemüse in eine gefettete Auflaufform schichten, etwas Röstzwiebeln darüberstreuen und mit den Emmentaler-Scheiben belegen. Im Rohr bei 175 Grad etwa 35 Minuten überbacken.

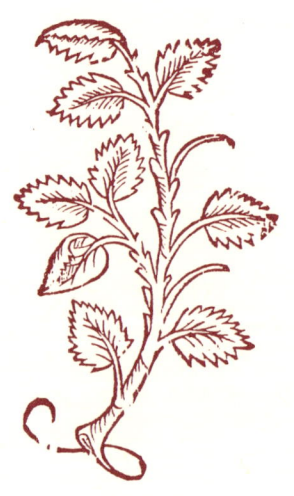

HIRSCHBRATEN NACH KLOSTERART
(für 6–8 Personen)

1200 g ausgelöste, enthäutete Hirschkeule
Speckstreifen zum Spicken
Salz, Pfefferkörner
Wacholderbeeren
1 l guter Rotwein
100 g Mehl
2 Karotten

2 Zwiebeln
¼ Sellerie
3 Schalotten
Knoblauch
Petersilie, gehackt
Tomaten, geviertelt
Schweineschmalz

Hirschfleisch mit Salz, Pfeffer und zerstoßenen Wacholderbeeren gut einreiben und mit den Speckstreifen spikken. Gemüse klein schneiden, in etwas Fett anrösten und mit dem Hirschfleisch drei Tage in Rotwein einlegen. Fleisch aus der Beize nehmen, abtrocknen und im Bräter in heißem Fett von allen Seiten anbraten. Fleisch dann herausnehmen, Mehl hellbraun rösten, Rotweinbeize aufgießen und das Fleisch hinzugeben. Im Backofen etwa 1 1/2–2 Stunden garen. Braten aus der Soße nehmen, portionieren und heiß stellen. Bratenansatz lösen, Soße durch ein Sieb streichen und abschmecken. Dazu passen Champignons, Preiselbeeren, Eierspätzle und Blattsalate.

Benediktinerinnen-Abtei

Frauenwörth
D-83256 Frauenchiemsee
Bayern

Der Überlieferung nach wurde die Abtei Frauenwörth im Chiemsee um 770 von Bayernherzog Tassilo III. gestiftet. Die Ordensfrauen leben seither nach der Regel des heiligen Benedikt. Neben Tassilo wird die erste namentlich bekannte Äbtissin, die selige Irmengard, als zweite Stifterin verehrt. Die Tochter von König Ludwig dem Deutschen konnte mit tatkräftiger Unterstützung ihres Vaters die Klostergebäude erneuern, das Münster restaurieren und die Klosteranlage zur Pfalz ausbauen. Irmengard starb, etwa 34 Jahre alt, am 16. Juli 866. Über Jahrhunderte als Heilige des Chiemgaus verehrt, wurde sie 1928 seliggesprochen.

Aus ihrer Zeit stammt die karolingische Torhalle, nach der Gnadenkapelle in Altötting das älteste Bauwerk Bayerns, das unverändert erhalten ist. Im ersten Stock der Torhalle befindet sich die Michaelskapelle mit herrlichen karolingischen Engelfresken.

Die romanischen Fresken im Dachraum der dreischiffigen Basilika (nicht zugänglich, Kopien in der Torhalle) zählen zu den bedeutendsten Monumentmalereien in Europa. Eine Besonderheit der Klosteranlage ist der mächtige freistehende Kampanile mit Zwiebelhaube.

Arbeitsbereiche der Benediktinerinnen sind heute neben Haus, Garten und Verwaltung Apotheke, Gästehaus, Café, Kellerei und Klosterladen mit Bücherstube. Im Klosterladen werden der Chiemseer Kräuterlikör aus der Klosterkellerei, Chiemseer Marzipan und Lebkuchen aus der Produktion der Benediktinerinnen angeboten.

Die weltliche Küchenchefin der Klosterküche, Marianne Moser, verrät ein typisches »Insel-Rezept« der Chiemsee-Fischer, das auch in der Abtei gern gekocht wird:

CHIEMSEE-FISCHWÜRST

Weißfisch filetieren (Kopf, Gräten, Flossen entfernen), dann durch den Fleischwolf drehen. Danach Zwiebeln durchdrehen und in etwas Fett andünsten. Zwiebeln mit gehackter Petersilie, Eiern und Milch nach Bedarf zur Fischmasse geben. Sie soll Brät-Beschaffenheit haben. Mit Salz und Pfeffer abschmecken.

Masse in einen Spritzbeutel ohne Tülle geben, in kochendes Wasser etwa 10 cm lange »Würste« spritzen, kochen lassen, bis sie an der Oberfläche schwimmen. Noch etwas ziehen lassen, herausheben und abtropfen lassen, dann in heißer Butter kurz von allen Seiten anbraten. Dazu schmeckt Kartoffelsalat mit Gurken.

SALAT »FRAUENWÖRTH«

1 Kopf Eissalat
3 Tomaten
½ Salatgurke
1 kleine Dose Pfirsiche
ca. 200 g Matjesheringe

Dressing:
Mayonnaise
Currypulver
Pfirsichsaft
Salz, Pfeffer
etwas Essig

Eissalat waschen, grob schneiden, Tomaten achteln, Gurke hobeln, Pfirsiche in Schnitze, Matjes in Streifen schneiden. Zutaten in einer Schüssel locker vermengen,

Dressing darüber gießen. Für das Dressing Mayonnaise mit Pfirsichsaft verrühren, mit Curry, Salz, Pfeffer und Essig abschmecken.

Maristenkloster Fürstenzell
Marienplatz 12
D-94081 Fürstenzell
Bayern

»Die ›Gesellschaft Mariens‹ entstand in Frankreich, in der Gegend von Lyon in der Zeit nach der Französischen Revolution. Das Glaubensleben war schwer erschüttert. Für die Aufbauarbeit brauchte die Kirche einen neuen Geist, einen Geist, der unaufdringlich und bescheiden, aber auch wirksam und ansprechend war, einen Geist des Dienens, nicht des Herrschens, einen Geist, der dem Drang des Menschen nach Freiheit entgegenkam und den die Kirche in der Person Mariens rühmt.« (Pater Rudi Wenk, Passau)

Die Maristen sind bestrebt, im Geiste Marias zu leben und zu wirken. In Bayern sind sie an zwei Orten vertreten, in Passau und in Fürstenzell. In Fürstenzell erwarben sie das alte Zisterzienserkloster, das heute als selbständige Maristen-Schulstiftung ein Gymnasium beherbergt, das sich als »Erfinderschule« einen Namen gemacht hat. Dort befindet sich auch das »Geistliche Zentrum«, ein stark frequentiertes Bildungs- und Exerzitienhaus der Diözese Passau. Weitere Aufgabenbereiche sind der Pfarrverband Fürstenzell, nahegelegene Pfarreien sowie die klostereigene Gärtnerei.

In der Dreiflüssestadt Passau betreut der Konvent die Votivkirche, eine Anbetungs- und Beichtkirche, bietet im Maristenkloster Gesprächs- und Gebetskreise an und arbeitet in der Telefonseelsorge und in der persönlichen Beratung.

Die Köchinnen der Klosterküche Fürstenzell, Schwester Angela und Schwester Michaela, verraten ihr Rezept für Rehragout:

ca. 750 g Rehfleisch, in Würfel geschnitten
1 Zwiebel, fein gehackt
2 EL Butterschmalz
1 EL Mehl
Salz, Pfeffer
einige Wacholderbeeren

Zwiebelwürfel im heißen Butterschmalz anrösten, Fleischwürfel dazugeben, von allen Seiten anbraten, Mehl darüberstäuben und kurz mitrösten. Rotwein und Fleischbrühe angießen und die Gewürze zufügen.

2–3 Lorbeerblätter
2 Gewürznelken
etwas Thymian nach Belieben
¼ l trockener Rotwein
¼ l Fleischbrühe
¼ l Rahm oder Sauerrahm

Ragout zugedeckt etwa 1 Stunde gar schmoren, dann mit Rahm verfeinern und mit Salz und Pfeffer abschmecken. Als Beilagen empfehlen die Klosterköchinnen Knödel, Spätzle oder Nudeln.

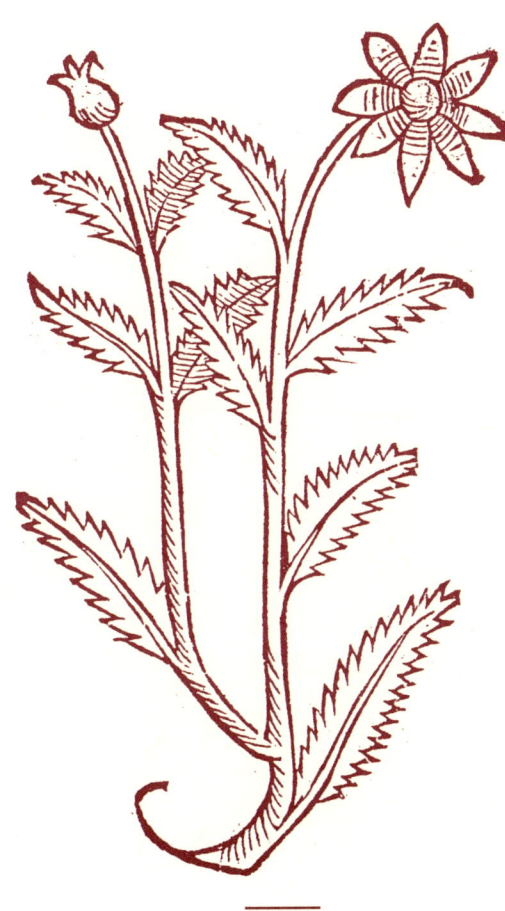

Mutterhaus der Barmherzigen Schwestern vom hl. Vinzenz von Paul

Kanalstraße 22
D-36037 Fulda
Hessen

Die Schwesterngemeinschaft wurde 1734 als Gemeinschaft der Sœurs de la Charité von Kardinal de Rohan in Straßburg gegründet; 1757 erfuhr sie ihre Ausprägung in der Spiritualität des hl. Vinzenz von Paul. Im Jahre 1834 kamen die ersten Schwestern von Straßburg nach Fulda und legten dort den Grundstein für die Entwicklung einer eigenständigen Kongregation der Barmherzigen Schwestern vom hl. Vinzenz von Paul in Fulda.

Wie Vinzenz von Paul wollen die rund 320 Schwestern der Gemeinschaft die Güte und Menschenfreundlichkeit Gottes sichtbar machen in ihrem Tun. So sind die Schwestern heute in der Kranken- und Altenpflege, in der Betreuung und Erziehung von Kindern und Jugendlichen, in Ausbildungsstätten für Kranken- und Altenpflege, in der Krankenhausseelsorge, im Pastoraldienst und in der Mission tätig.

Klösterliche Gastfreundschaft sehen die Barmherzigen Schwestern auch in der heutigen Zeit als eine wichtige und positive Aufgabe; so stellt Schwester Thekla Rezepte der Gerichte vor, die gerne im Konvent gegessen werden:

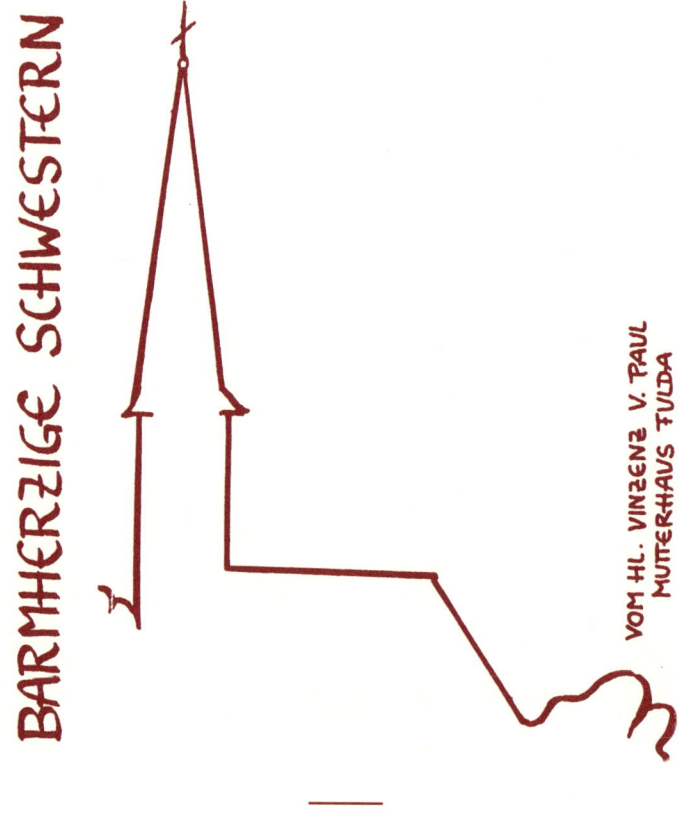

SCHINKENTASCHEN

125 g Mehl
125 g Quark
125 g Butter
1 Prise Salz
100 g roher Schinken, gewürfelt
100 g Gouda, in Würfeln

1 Ei
1 EL Sahne
Pfeffer
1 Eiweiß
1 Eigelb

Mehl, Quark, Butter und Salz vermengen und rasch zu einem glatten Knetteig verarbeiten. Teig eine Stunde kalt stellen.
Schinkenwürfel, Käsewürfel, Ei, Sahne und Pfeffer nach Geschmack vermengen. Teig ausrollen, in Quadrate schneiden und die Ränder mit Eiweiß bestreichen. Füllung jeweils in die Mitte der Quadrate setzen, die Teigecken diagonal zusammenschlagen und mit verquirltem Eigelb bestreichen. Bei 200 Grad etwa 20 Minuten backen.

FEUERWEHRSALAT
(Zutaten für 1 Portion)

1 Paprikaschote, grün oder gelb
1 Tomate
1 saure Gurke
1 gekochtes Ei
100 g Fleischwurst

Dressing:
Mayonnaise
Salz, Pfeffer
Zwiebelwürfel
Kräuter nach Geschmack

Gemüse waschen und putzen, das Ei schälen. Paprika in Streifen, Tomate und Ei in Achtel, Gurke in Scheiben schneiden und in einer kleinen Schüssel anrichten. Für das Dressing Mayonnaise nach Bedarf mit Salz, Pfeffer, Zwiebelwürfeln und Kräutern nach Geschmack verrühren und über das Gemüse geben. Vor dem Servieren kurz durchziehen lassen.

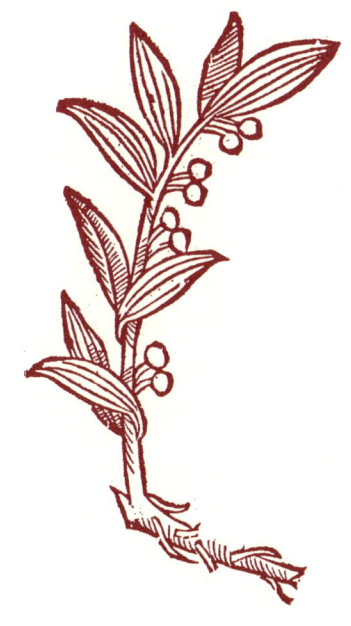

Redemptoristenkloster Gars
Kirchplatz 10
D-83536 Gars am Inn
Bayern

Herzog Tassilo III. belehnte um 764 seinen priesterlichen Vasallen Boso mit Land und erlaubte ihm, in Garoz eine Cella zu errichten. 768 entließ er Boso aus dem Lehensverhältnis und übergab die Cella Garoz an das Kloster St. Peter in Salzburg. Durch Jahrhunderte blieb Gars dem Erzbischof von Salzburg, dessen Diözese sich weit in das heutige Bayern erstreckte, untergeordnet. So mußten die Garser Kirchenleute in der Pfingstwoche alljährlich nach Salzburg wallfahrten und das »Kirchenkorn« abliefern.

In den ersten Jahrzehnten des 12. Jh. wurde Gars Augustiner-Chorherrenstift und als Salzburger Archidiakonat mit der seelsorglichen und kirchenrechtlichen Aufsicht über 40 Pfarreien betraut. Die Säkularisation setzte der 1000jährigen Geschichte des Stiftes Gars 1803 ein Ende. Erst 1894 konnte der Wiederaufbau durch die Redemptoristen begonnen werden, nachdem der Reichstag diese Gemeinschaft von den »Jesuitengesetzen« ausgenommen hatte. 1907 wurde eine philosophisch-theologische Hochschule gegründet, die das Kloster bis 1971 prägte.

Heute ist Gars Seelsorge-Zentrum, betreut die Wallfahrt zum seligen Pater Kaspar Stanggassinger, leitet ein Institut für Lehrerfortbildung, führt verschiedene klostereigene Betriebe, die Lehrlinge ausbilden (Lehrlingswerk St. Gerhard) und betreut ein klösterliches Internat und Tagesheim in Kooperation mit dem staatlichen Gymnasium.

Der Chef der Garser Klosterküche, Bruder Marinus, empfiehlt folgende Schmankerl aus seiner Küche:

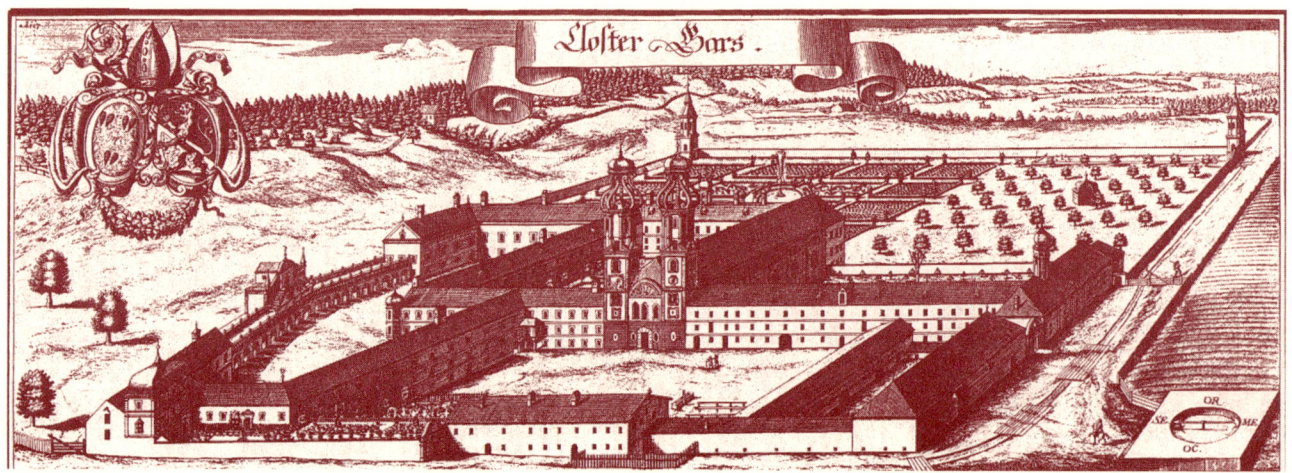

GARSER »OBATZTER«

125 g reifer Camembert
60 g Frischkäse
60 g Schmelzkäse
60 g Weinkäse (Romadur)
1 Zwiebel, fein gewürfelt

Paprika, süß
Salz, Kümmelpulver
4 EL Bier
1/8 l Sahne

Camembert mit einer Gabel zerdrücken oder alle Käsesorten durch den Fleischwolf (Lochscheibe) drehen, Gewürze, Zwiebelwürfel und Bier zur Käsemischung geben und gut verrühren. Sahne zugeben, bis die Masse streichfähig ist. Pikant abschmecken.

APFELKUCHEN

3–4 große Äpfel
1 Tasse Rum
250 g Butter
250 g Zucker
5 Eier
1 P. Vanillezucker
250 g Mehl

1 P. Backpulver
1 TL Zimt
1 P. Schokoladenpuddingpulver
100 g gemahlene Haselnüsse
Schokoladenguß
gehobelte Mandeln

Äpfel waschen, hobeln und mit Rum tränken. Aus Butter, Zucker, Eiern und Vanillezucker eine Schaummasse rühren. Mehl, Backpulver, Puddingpulver und Zimt untermengen. Die gemahlenen Nüsse und die getränkten Äpfel unterheben, Teig in eine gefettete, gebröselte Springform füllen und bei 175 Grad etwa 50–60 Minuten backen. Den erkalteten Kuchen mit Schokoladenguß überziehen und mit den gehobelten Mandeln verzieren.

Benediktinerabtei Gerleve
D-48727 Billerbeck
Nordrhein-Westfalen

Münsterländische Bauern, die Geschwister Bernhard, Elisabeth und Hermann Wermelt, stifteten ihren erbenlosen Hof 1899 der Erzabtei Beuron zur Neugründung eines Klosters. Die Kirche und der Westflügel der Abtei wurden von dem bekannten Kirchenbaumeister des Münsterlandes und späteren Mönch von Maria Laach, Ludger Wilhelm Rincklake, im neuromanischen Stil gebaut und konnten 1904 geweiht werden.

Auf Gerlever Grund, oberhalb der heutigen Abtei, erinnerte seit Jahrhunderten ein Kreuz die Bevölkerung an die Stelle, an der der heilige Luidger am Passionssonntag 809 seine letzte Rast auf einer pastoralen Reise gemacht hatte. Am Tag darauf starb der hl. Luidger, der erste Bischof von Münster, in Billerbeck. Er wird heute neben dem hl. Joseph als Klosterpatron verehrt. Das alte Wegkreuz wurde 1934 durch eine Plastik des erschöpften, segnenden Luidgers ersetzt.

Seelsorge, religiöse Bildung und wissenschaftliches Arbeiten (auch außerhalb des Klosters, an Universitäten) sind Tätigkeitsbereiche der Benediktiner in Gerleve. Das Gäste- und Exerzitienhaus Ludgerirast ist neben der Jugendbildungsstätte St. Benedikt einer der größten Arbeitsbereiche der Mönche. Diese betreiben außerdem eine Landschaftsgärtnerei, eine Buchbinderei und Druckerei. In der Kunst- und Buchhandlung findet der Besucher neben Literatur auch Musikkassetten, Kunstkarten und Andachtsgegenstände.

Der Klosterkoch, Bruder Marian, stellt Rezepte aus der westfälisch-münsterländischen Klosterküche vor, darunter den ersten Gang einer jeden münsterländischen Hochzeitstafel und ein traditionelles Karfreitagsgericht:

MÜNSTERLÄNDISCHES HOCHZEITSESSEN

Zwiebelfleisch:
1 kg Rinderbrust
2 Möhren
1 Zwiebel
¼ Sellerieknolle
½ Porreestange
1 EL Salz
Petersilienwurzeln
2 l Wasser
etwas gekörnte Brühe

Zwiebelsauce:
10 mittlere Zwiebeln
60 g Butter oder Margarine
60 g Mehl
1 l Brühe (von der Rinderbrust)
2 TL Senf
1 TL Zucker
Salz nach Geschmack
1 TL flüssige Suppenwürze

Gemüse putzen, waschen, klein schneiden und mit dem Wasser und den Gewürzen aufkochen lassen. Das Fleisch hineingeben und ca. 1 Stunde garen. (Das Fleisch muß beim Einstechen wieder leicht von der Gabel gehen, dann ist es gar.) Dann die Rinderbrust herausnehmen und warm stellen. Die Brühe für die Zubereitung der Sauce aufbewahren.

Für die Sauce Zwiebeln würfeln und in der heißen Butter glasig dünsten, mit Mehl stauben und mitbräunen lassen. Rinderbrühe unter Rühren aufgießen und aufkochen lassen. Mit Senf, Zucker, Salz und Suppenwürze gut abschmecken, nochmals aufkochen und bei schwacher Hitze 10 Minuten ziehen lassen, Fleisch portionieren und mit der Zwiebelsauce servieren.

MÜNSTERLÄNDISCHES KARFREITAGSESSEN
(Biersuppe mit Struven)

Biersuppe:
½ l helles Bier
½ l Milch
1 Zimtstange
1 Prise Salz

60 g Zucker
20 g Speisestärke
2 Eier, getrennt
1 TL Zucker

Milch mit Zimtstange, Salz und 40 g Zucker zum Kochen bringen, mit der kalt angerührten Speisestärke binden. Eigelb mit dem restlichen Zucker verquirlen, mit dem Bier mischen und nach und nach in die Milch gießen. Suppe erhitzen, aber nicht mehr kochen lassen.

Die Zimtstange entfernen.
Eiweiß mit 1 TL Zucker steif schlagen, mit einem Teelöffel kleine Klößchen auf die Suppe setzen und garen. Die Suppe heiß servieren.

Struven:
500 g Mehl
50 g Hefe
50 g Zucker
3 Eier

1 Prise Salz
ca. 400 g Milch
100 g Rosinen
Öl zum Backen

Lauwarme Milch (darf nicht zu heiß sein, da sonst die Hefe abstirbt) mit etwas Zucker und der Hefe verrühren, mit etwas Mehl vermischen und an einem warmen Ort gehen lassen, bis sich die Masse verdoppelt hat. Dann die restlichen Zutaten bis auf die Rosinen dazugeben und den Hefeteig gut abschlagen, bis er Blasen schlägt. (Der Teig ist etwas flüssig, dickt aber nach, wenn er steht.)

Rosinen untermengen und die Struven, etwa 3 Eßlöffel Teig, in einer Pfanne in heißem Öl hellbraun backen. Die Temperatur nicht zu hoch einstellen, da sonst die Struven zu dunkel werden.
Struven zur Biersuppe reichen.

WESTFÄLISCHER PFEFFERPOTHAS

750 g Rinderschulter in Würfeln
750 g Zwiebeln, in Streifen geschnitten
3 EL Schweineschmalz
1 TL frisch gemahlener Pfeffer
1 TL Pimentkörner
2 Lorbeerblätter

½ l Brühe
2 EL Kapern
2 EL Zitronensaft
abgeriebene Schale einer Zitrone
3 Zwiebackscheiben, fein zerbröselt

Zwiebeln und Fleischwürfel im heißen Fett nicht zu dunkel anbraten. Brühe aufgießen und mit Salz, Pfeffer, Pimentkörnern und Lorbeerblättern würzen. Pfefferpothas etwa 1 Stunde leicht kochen lassen, dann mit Kapern,

Zitronensaft und Zitronenschale abschmecken und mit Zwieback binden.
Dazu schmecken Salzkartoffeln und rote Bete.

Herz-Jesu-Kloster der Benediktinerinnen vom Heiligsten Sakrament

Brühler Straße 74
D-50968 Köln-Raderberg
Nordrhein-Westfalen

Obwohl die Stadt Köln reich an benediktinischer Geschichte ist, sind die Schwestern vom Raderberg heute die einzige benediktinische Gemeinschaft der Stadt.

Im Jahre 964 gründete der heilige Erzbischof Bruno von Köln, der Bruder Kaiser Ottos I., die erste Benediktinerabtei an der Kirche St. Pantaleon. Es folgten weitere benediktinische Mönchs- und Nonnenklöster. Die benediktinische Tradition in Köln währte fast 900 Jahre, bis der Reichsdeputationshauptschluß der französischen Regierung sie 1802 gewaltsam beendete.

Bis 1890, als eine kleine Gruppe von Benediktinerinnen vom Heiligsten Sakrament aus Tegeln/Holland kam, gab es keine Benediktiner mehr in Köln. Im Jahre 1895 gründeten die Schwestern auf dem Raderberg, einer mittelalterlichen Folter- und Hinrichtungsstätte vor dem Severinstor, ihr Kloster.

Schwester Emmanuela informiert über die Gemeinschaft: »Bei der Gründung 1895 befand sich das neugebaute Kloster der Benediktinerinnen noch in ländlicher Umgebung, entfernt von der Unruhe der Großstadt. Aber bereits wenige Jahrzehnte später hatte die Stadt das Kloster umschlossen. Dabei blieb der Gemeinschaft ein großer Garten erhalten und bis heute existiert auch ein Stall mit Kühen und Schweinen. So vollzieht sich das Leben der zur Zeit 31 Schwestern zwischen 29 und 94 Jahren mitten in der Stadt im bewährten Wechsel von Gebetszeiten und Handarbeit (Garten, Hostienbäckerei, Paramentenstickerei, Werkstatt für Textilrestaurierung).«

Schwestern der Gemeinschaft sind auch publizistisch tätig, leiten Gesprächs- und Meditationsgruppen, begleiten Exerzitien und Einzelgäste oder halten Vorträge.

In der Klosterküche bestimmt das Miteinander der verschiedenen Generationen – zwischen Tradition und Experimentierfreude – und das Bemühen um die Verwertung der Erzeugnisse aus Garten und Stall den Küchenalltag.

Schwester Emmanuela verrät eine süße und eine pikante Spezialität der Küche:

MOKKA-NUGAT-EISKREM

1 Liter Vanillepudding
ca. 200 g Zucker
2 EL lösliches Kaffeepulver

600 ml Schlagsahne
200 g Nuß-Nugat-Creme
ca. 3 EL Milch

Das Kaffeepulver im heißen, gesüßten Vanillepudding auflösen. Nach dem Abkühlen die geschlagene Sahne unterziehen. Die Nuß-Nugat-Creme mit der Milch verrühren. Die Hälfte des Puddings in eine viereckige Form (Kunststoffbehälter zum Einfrieren) füllen. Die Nugat-Masse und den Rest des Puddings daraufffüllen. Die drei Schichten mit einer Gabel marmorieren. Masse einfrieren, dann in Scheiben von 1½–2 cm Dicke servieren.

SAUERKRAUTAUFLAUF

250 g Hackfleisch
1 Zwiebel, fein gewürfelt
1 EL Fett

Salz, Pfeffer und Kräuter nach Geschmack
500 g Sauerkraut
500 g Kartoffelpüree

Sauerkraut und Kartoffelpüree wie gewohnt zubereiten. Zwiebelwürfel in heißem Fett anrösten, Hackfleisch zugeben und anbraten. Nach Belieben mit Salz, Pfeffer und Kräutern würzen. Sauerkraut, Kartoffelpüree und Hackfleisch in Lagen in eine große Auflaufform schichten. Zuoberst mit Kartoffelpüree abschließen. Auflauf bei 200 Grad im Rohr hellbraun backen.

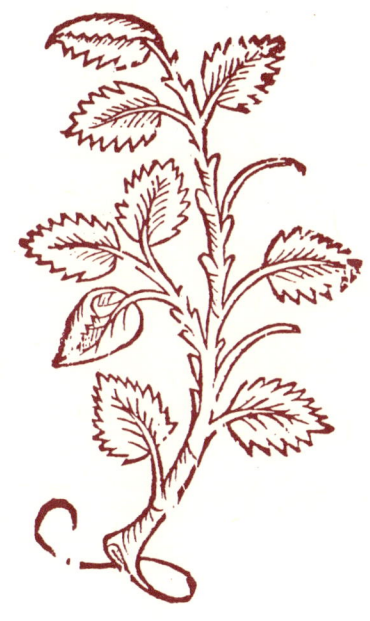

Cistercienserinnen-Abtei Seligenthal

Bismarckplatz 14
D-84023 Landshut
Bayern

Die Abtei Seligenthal wurde von Ludmilla, der Witwe von Herzog Ludwig I. von Bayern (Gründer der Stadt Landshut), als Gebetsstätte und Hauskloster der Wittelsbacher 1232 gegründet. So diente die Klosterkirche dem Herzogshaus bis zum 16. Jh. als Grablege. Die Abteikirche, ein spätromanischer Bau, im Jahr der Klostergründung begonnen, wurde von 1732–1734 im Stil des frühen Rokoko ausgestattet. Von Johann Baptist Zimmermann stammt die heutige Bemalung und Stukkierung.

Nach der Säkularisation von 1803 errichtete König Ludwig I. das Kloster 1835 neu, wobei die Cistercienserinnen die Auflage erhielten, sich der Mädchenbildung anzunehmen. Aus dem rein kontemplativen Kloster der Gründerzeit wurde nun eine Abtei mit apostolischer Tätigkeit.

Heute unterhält das Kloster ein mehrgliedriges Schulzentrum mit Kindergarten, Grund- und Teilhauptschule, Wirtschaftsschule, Gymnasium, Fachakademie für Sozialpädagogik sowie ein Tages- und Schülerinnenheim. Schwester Beatrix verrät zwei Schmankerl der Seligenthaler Klosterküche; das Rezept für die (zu besonders festlichen Anlässen servierte) Biskonsuppe wurde ihr von einer betagten Küchenschwester überliefert:

BISKONSUPPE

150 g Butter
8 Eier, getrennt
Salz, Muskat
200 g Mehl

½ P. Backpulver
50 g fein geschnittener Schinken
gut abgeschmeckte Fleischbrühe

Butter schaumig rühren, Eigelb nach und nach zugeben, weiterrühren, Mehl, Backpulver und den fein geschnittenen Schinken unterrühren. Mit Salz und Muskat würzen, den steif geschlagenen Eischnee unterheben und die Masse in eine gefettete Form füllen. Im Wasserbad etwa 30 Minuten kochen, dann abkühlen lassen, in Scheiben schneiden und kurz vor dem Servieren mit gut abgeschmeckter, kochender Brühe übergießen.

EIERSCHNITTEN

200 g gekochte Nudeln
4 gekochte Eier
4 rohe Eier

Salz, Pfeffer
frisch gehackte Petersilie
Fett zum Backen

Gekochte Nudeln und geschälte, gekochte Eier fein hacken, mit den rohen Eiern und den Gewürzen gut vermischen. In einer Pfanne in heißem Fett kleine Plätzchen ausbacken.

Konvent Sankt Albert
Dominikanerinnen
von Bethanien und Dominikaner
Georg-Schumann-Straße 336
D-04159 Leipzig
Sachsen

Die Dominikaner hatten bereits im Mittelalter (Gründung 1228) ein großes Kloster im Zentrum Leipzigs. In der Reformation wurde es aufgelöst; Luther übereignete die Kirche der Universität. Die Klosterkirche, fortan »Universitätskirche« genannt, blieb so als einziger Teil des Dominikanerklosters erhalten, bis sie auf Betreiben des SED-Regimes 1968 gesprengt wurde.

Die Neugründung der Dominikaner in Leipzig erfolgte 1929 am Stadtrand in Leipzig-Wahren.

Seit der Zeit nach der Wende arbeiten Schwestern und Brüder des gleichen Ordens am »Geschwisterlichen Projekt«: Frauen und Männer des Dominikanerordens haben sich zusammengetan, um das Leben und die Arbeit gemeinsam zu teilen und zu gestalten. Traditionell ist der Dominikanerorden der Predigt besonders verpflichtet, dem Studium und besonderen Seelsorgesituationen, z. B. der Seelsorge für Randgruppen in der Kirche. Die Dominikanerinnen von Bethanien sehen in der Sozialarbeit einen besonderen Schwerpunkt, so arbeiten sie in Kinderdörfern und in der Gefängnisseelsorge.

Beide Gruppen, Schwestern und Brüder, ergänzen sich so in ihren Arbeitsbereichen. Pater Superior Franz vermittelt neben diesen Informationen auch ein Rezept aus der Küche des Dominikaner-Konvents:

GEFÜLLTER SCHWEINENACKEN NACH ART DES KLOSTERS

1 kg Schweinekamm
3 Zwiebeln
200 g Champignons
etwas Fett

150 g Hackfleisch
Salz, Pfeffer
Senf, Steakgewürz

Für die Füllung Zwiebeln würfeln, Champignons in Scheiben schneiden. Erst die Zwiebelwürfel in heißem Fett anbraten, dann die Champignons dazugeben und mitbraten. Beides zum Hackfleisch geben und kräftig würzen.
In den Schweinekamm eine durchgehende »Tasche« (wie eine Röhre) einschneiden und die Hackfleischmasse einfüllen. Den Schweinekamm rundherum mit Salz, Pfeffer und Steakgewürz einreiben und mit Senf bestreichen. Gut in Alufolie einwickeln, damit kein Fleischsaft entweichen kann, und in der Röhre bei starker Hitze etwa 40 Minuten braten. Dann die Alufolie öffnen, damit das Fleisch bräunen kann und weitere 20 Minuten bei reduzierter Hitze braten.

Benediktinerabtei Maria Laach
D-56653 Maria Laach
Rheinland-Pfalz

Der rheinische Pfalzgraf Heinrich II. stiftete 1093 am Ufer des Laacher Sees eine Abtei, die zunächst durch Mönche aus Brabant besiedelt wurde. Nach der Aufhebung 1802 wurde sie 1862 von den Jesuiten erworben und 1892 schließlich durch die Benediktiner der Beuroner Kongregation wiederbesiedelt. Die Abteikirche »Hl. Maria am See« gilt, obwohl erst 1230 fertiggestellt, als eines der großartigsten Werke der deutschen Romanik. Die burgartige Kirche besitzt mit ihrer fast quadratischen Vorhalle (»Paradies«) ein Zeugnis höchster Steinmetzkunst. Neben dem Hochaltar der Abteikirche mit dem von sechs Säulen getragenen Baldachin ist das frühgotische Hochgrab des Stifters eine besondere Sehenswürdigkeit.

In der ersten Hälfte des 20. Jh. machte sich Maria Laach einen Namen als Zentrum der liturgischen Erneuerung und der Liturgiewissenschaft. Tätigkeitsbereiche der Maria Laacher Benediktiner sind heute neben der Seelsorge und der Arbeit in Wissenschaft und Bildung auch der Kunstverlag, die Kunstwerkstätten, das Naturkundemuseum und der Gutsbetrieb.

Neben dem Gastflügel der Abtei, der vor allem für Exerzitien und Kurse genützt werden kann, steht das klostereigene Seehotel den Feriengästen zur Verfügung.

Ein Blick in die Laacher Klosterküche des 16. Jh. bezeugt einen bescheidenen Lebensstandard: Milchsuppe mit Weizenmehl oder an Festtagen mit Reis und gezuckert, alltags im Wechsel mit Erbsensuppe. Als Hauptgericht gab es meist zwei Eier und frische Fische, als Nachtisch Schafskäse. Als kluger Hausvater bedachte der Abt Johann Augustin Machhausen (Abt von 1553–1568) aber den aus der klösterlichen Lebensweisheit stammenden Satz »**Bona coquina – bona disciplina**« (Gute Küche – gute Klosterzucht) und schrieb eine entsprechende Dienstanweisung für den Prior.

Die Silberfelchen, die heute im Seehotel den Gästen angeboten werden, kommen wie die Fische in früherer Zeit aus dem Laacher See, dem größten der Eifel-Maare. Die Felchen werden in der Klosterküche nach traditioneller Art in Butter gebacken, mit Mandeln bestreut, mit einer Zitronenscheibe garniert und mit Salzkartoffeln, Buttersoße und frischem grünen Salat oder feinem Bohnensalat (Spezialität der Laacher-See-Gegend) serviert, berichtet Pater Drutmar.

In der Küche des Seehotels bereitet man die Silberfelchen auf verschiedene Art zu, etwa in Salbeibutter gebraten. Helmut Jeiter vom Restaurant im Seehotel empfiehlt vorweg eine köstliche Suppe:

Samtsuppe von Kräutern aus dem Klostergarten

50 g Butter
50 g Weizenmehl
0,5 l Rinderbrühe
0,25 l Sahne
0,1 l Weißwein
Salz, weißer Pfeffer

je 1 Bund Petersilie, Dill,
Schnittlauch, Estragon und Kerbel
½ P. Brunnenkresse
je ein kleiner Bund Sauerampfer,
Borretsch und Pimpernelle

Aus Butter und Mehl eine Mehlschwitze herstellen, mit der Rinderbrühe auffüllen, unter Rühren aufkochen lassen und auf kleiner Flamme 10 Minuten kochen. Mit Sahne und Weißwein verfeinern, mit Salz und Pfeffer abschmecken. Suppe nochmals aufkochen und vom Herd nehmen.
Alle Kräuter gut waschen, abtropfen lassen, von den Stielen befreien und möglichst fein hacken. Kräuter mit Butter in einem Topf anschwitzen, die Samtsuppe durch ein feines Sieb streichen und dazugeben, alles durchrühren und nochmals aufkochen. Suppe abschmecken, in Tassen füllen und mit einem Sahnehäubchen und gerösteten Weißbrotwürfeln garnieren.

Laacher Silberfelchen, in Salbeibutter gebraten

4 frische Silberfelchen
Saft von 1 Zitrone
Worcestersauce
Salz

200 g Butterschmalz
1 Bund Salbei
Mehl zum Wenden
Zitronenscheiben zum Garnieren

Felchen von Schuppen und Flossen befreien, gut abwaschen und salzen. Mit Zitronensaft und Worcestersauce beträufeln. Felchen in Mehl wenden und in heißem Butterschmalz braten. Den Salbei waschen, trocknen, fein hacken und zu den Felchen geben, wenn diese gar sind. Die Felchen auf vorgewärmte Teller legen, mit der Salbeibutter übergießen und mit Zitronenscheiben garnieren. Mit Salzkartoffeln und Blattsalaten servieren.

Benediktinerabtei Königsmünster

Klosterberg 11
D-59872 Meschede
Nordrhein-Westfalen

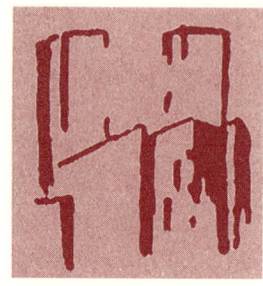

Die Benediktinerabtei Königsmünster, 1928 am Rande der Stadt Meschede gegründet, gehört zur »Kongregation der Missionsbenediktiner von St. Ottilien«. Die Mönche arbeiten am Gymnasium der Benediktiner, im Jugendgästehaus OASE der Abtei, in der Landwirtschaft, in den verschiedenen Handwerksbetrieben (Schneiderei, Töpferei, Kunstschmiede, Weberei, Schreinerei, Buchbinderei), in der Buch- und Kunsthandlung, in der überpfarrlichen Seelsorge und in den internen Aufgabenbereichen der Gemeinschaft.

Die Prokura hält Kontakt zu den Brüdern aus der Abtei, die in benediktinischen Gemeinschaften in den jungen Kirchen leben.

Pater Werner erläutert eine weitere Zielsetzung der Abtei: »Seit vielen Jahren laden die Abteigespräche zu Begegnungen mit Denkansätzen und Menschen unserer Zeit ein, die Leben auch heute verantwortlich gestalten helfen sollen. 1987 wurde auf Bitten des Bischofs Josef Hohmeyer von Hildesheim die CELLA St. Benedikt in Hannover begründet, in der Mönche von Königsmünster inmitten der Stadt als klösterliche Kerngruppe mit Menschen aus der Stadt leben.«

Neben der ausgeprägten Gastfreundschaft setzt die Abtei einen weiteren Schwerpunkt in der Erschließung von Zeiten und Räumen für die Begegnung mit der zeitgenössischen Kultur (Gestaltung der 1964 geweihten Abteikirche, Bau der 1981 eröffneten OASE nach Plänen von Hans Schilling; seit 1994 Ausstellungen vornehmlich moderner Kunst im neuen Ausstellungsraum).

Im Ausstellungsbereich, wie in der OASE, besteht für Tagesgruppen Gelegenheit, Speisen aus der Küche und der Backstube des Klosters zu essen und dazu Saft oder Most aus der Apfelmosterei zu kosten. Gastfreundschaft nach Art der Abtei Königsmünster: Die Mönche haben sich 1987 ein neues Refektorium geschaffen, in dem sie selbst mit ihren Hausgästen Mahlzeit halten können.

Der Cellerar der Abtei, Pater Werner, verrät Rezepte, die gerade in der Abtei Königsmünster »gute Wurzeln geschlagen« haben und betont: »Wurzel des überbackenen Käses ist selbsthergestellter Rohmilchkäse aus der Milch unserer Landwirtschaft.«

Gebackener Rohmilchfrischkäse

500 g in Olivenöl eingelegter Rohmilchfrischkäse
4 EL Olivenöl
1–2 zerdrückte Knoblauchzehen

1 TL Kräuter der Provence
etwas Kräutersalz, Pfeffer
300 g geputzte, feine Porreeringe

Rohmilchfrischkäse in großen Stücken in eine feuerfeste Form legen. Olivenöl, Knoblauch, Kräuter, Kräutersalz und Pfeffer mit den Porreeringen vermengen und über den Käse verteilen. Im vorgeheizten Backrohr bei 170 Grad etwa 10 Minuten backen.

»Spanisch Friko«

500 g Schweinefleisch in Würfeln (1 cm x 1 cm)
Salz, Pfeffer
20 g Butter
250 g Zwiebeln, gewürfelt
$^{1}/_{8}$–$^{1}/_{4}$ l trockener Weißwein
$^{1}/_{4}$–$^{3}/_{8}$ l Sahne

2 EL Worchestersauce
2 EL Suppenwürze
1 Prise Muskat
500 g gekochte, gewürfelte Kartoffeln
2 EL Schnittlauchröllchen

Fleischwürfel salzen, pfeffern und in der ausgelassenen Butter anbraten, Zwiebelwürfel dazugeben und ebenfalls anbraten. Mit Weißwein ablöschen, zugedeckt etwa 40–60 Minuten bei mäßiger Hitze garen. Sahne zuge- ben und mit den angegebenen Gewürzen abschmecken. Die Kartoffelwürfel zum Fleisch geben und nochmals gut erwärmen. Mit Schnittlauchröllchen bestreut servie- ren.

Benediktinerabtei Metten
D-94526 Metten
Bayern

Als Gründungsjahr von Kloster Metten wird heute 766 angenommen; es existiert eine Einladungskarte zum Festmahl der Tausendjahrfeier aus dem Jahre 1766. (Die Menükarte ist leider nicht überliefert!)

Pater Prior Adalbert Seipolt erzählt die Geschichte der Abtei: »Ein begüterter Priester namens Gamelbert, Pfarrer auf der fruchtbaren rechten Seite der Donau, gründete auf seinen versumpften Wiesen links der Donau ein kleines Kloster, dessen Grundbesitz sehr bald vom bayerischen Herzog Tassilo und später vom Frankenkönig Karl dem Großen erweitert wurde, um den damals noch sehr zivilisationsscheuen Bayerischen Wald an die abendländische Kultur anzuschließen.«

Nach Überfällen und Plünderungen durch die Ungarn im 10. Jh. erlosch das klösterliche Leben und nahm erst 1157 einen neuen Anfang.

»1246 übernahmen die Wittelsbacher den Schutz des Klosters, Metten blühte wirtschaftlich auf und wurde zum kulturellen und geistigen Mittelpunkt der Umgebung.«

Nach einem Niedergang im 16. Jh. leiteten tüchtige Äbte im 17. Jh. eine neue Blütezeit ein. Nach der Säkularisation von 1803 wurde Metten als erstes Kloster in Bayern 1830 wiedererrichtet.

»König Ludwig I., der zu diesem löblichen Zweck tief in seine Privatschatulle griff, wies dem Kloster aber auch drei Aufgaben zu: Seelsorge, Wissenschaft, Erziehung. Die Mettener Mönche... übernahmen benachbarte Pfarreien, eröffneten ein Gymnasium und erwarben sich wissenschaftliche Meriten. Außerdem konnten mit ihrer Hilfe alte Klöster in Bayern neu besiedelt werden; ein sehr unternehmungsfreudiger Mettener, P. Bonifaz Wimmer, wanderte nach Amerika aus und gründete dort die erste Benediktinerabtei in den Wäldern von Pennsylvanien, die inzwischen zur Mutter zahlreicher Klöster in den Vereinigten Staaten geworden ist.

So gewann die Stiftung eines niederbayerischen Pfarrers aus dem 8. Jahrhundert im 19. eine Bedeutung, die vor der Säkularisation nicht vorauszusehen war, als Metten zu den Klöstern der 3. (Steuer-)Klasse im Kurfürstentum Bayern gehörte. Um so erstaunlicher bleibt es, daß seine Äbte aus diesem drittklassigen Landkloster ein erstklassiges Schmuckstück barocker Baulust (Kirche, Bibliothek, Festsaal) machten, das heute immer mehr Bewunderer findet.«

Pater Rupert, der Leiter des Mettener Gymnasiums, forschte mit dem Archivar, Pater Michael, nach Kulinarischem in der Klosterbibliothek. Mit einem »Kochbuch« wurden sie fündig. Es stammt ursprünglich aus dem Kloster Prüfening (XCIII 93) und wird in Metten geführt unter der Bezeichnung »Prüfeninger Mansarde 3447«. Werner Friedrich aus Straubing, der die Texte entziffert und der besseren Lesbarkeit halber in die heutigen Sprache »übersetzt« hat, ordnet sie zeitlich den letzten Jahrzehnten des 16. Jahrhunderts zu.

»Haüßen oder Lox Pastetten Zu machen

Nimbt einen Frischen Haussen oder Lax vber
Prüe in (= ihn) gor ein Wenig Poiß in Darnach in
Eyssig Thue Pfeffer stup Muschcatblüe vnndt
Muschcatnuß Dorzue Laß ein Weill Poyssen
Dornach mach ein Taig von einen Roggen
Mell vndt Chleiben mach ein Pastetten darauß
vndt den Haussen oder Lox dorein Leg Putter
Entzwischen vndt gewierg in (= ihn) Mer vndt
Wan sie Halb gebachen ist so mach ein Lochl oben dor
ein vndt geuß die Prü Dor ein Dorinen
der Haussen gebeiegt (gebeizt?) Hat vndt Laß
es Dornach gor auß Pachen vndt giebs Wormber.«

(stuppen = mit Pulver besteuen)

Heutige Fassung etwa:

»Eine Hausen- oder Lachs-Pastete zu machen

Nimm einen frischen Hausen oder Lachs, überbrühe ihn gar ein wenig, beize ihn darnach in Essig, tue Pfeffer dazu, rühre gemahlene Muskatblüte und Muskatnuß darunter, laß eine Weile beizen; danach bereite einen Teig aus Roggenmehl und Kleie, mach eine Pastete daraus und leg den Fisch hinein, gib Butter dazu und wickle ihn ein; wenn sie halb gebacken ist, so mach oben ein Loch hinein und gieße die Brühe, in der der Fisch gebeizt wurde, hinein und laß es danach ausbacken; gib es warm (auf den Tisch).«

Hausen-Pastete wird auch im Apostelessen von Admont 1713 erwähnt.

»Wie man die Öpffel Pachen soll

Nimbt ein schönes Weiß Semell Mell
vndt ein guetten Wein ie Besser der
Wein ist ie Besser Lauffen sie auff
Am Pachen vndt mach ein Dickhen Toig
an vndt Zöch in gahr woll ab ie Mehr
Man ihn ab Pördt ie Besser es ist Wan er
gahr woll ab Pördt wie ein strauben Toig
vndt Leg die Öpffel Dorein vndt Pachs auß
aber daß schmalz mueß Hoiß daß
Man flugs Herauß Päch sunst werdten
sie gahr schmalzig vndt gibs Wormber
auf den Tisch so sein sie recht«

Heutige Fassung etwa:

»Wie man Äpfel backen soll

Nimm ein schönes weißes Semmelmehl und einen
guten Wein; je besser der Wein, je besser laufen sie
beim Backen auf; und mache einen dicken Teig an
und ziehe ihn gar wohl ab, je mehr, je besser ist es,
wie bei einem Straubenteig; und lege die Äpfel hinein und backe sie aus, aber das Schmalz muß heiß
sein, damit man flugs herausbacken kann, sonst
schmecken sie gar schmalzig; und gib sie warm auf
den Tisch, so sind sie recht.«

Kloster der Dominikanerinnen St. Norberthaus
Langerwischer Straße 27
D-14552 Michendorf bei Potsdam
Brandenburg

Das Mutterhaus der Michendorfer Dominikanerinnen liegt in Arenberg. Die Schwesterngemeinschaft wurde 1868 durch Josefine Willimann (1842–1914) gegründet. Pfarrer Kraus aus Arenberg suchte Schwestern für Erziehung, Unterricht, Krankenpflege und für die Betreuung von Kirche und Wallfahrt und rief kontemplative Dominikanerinnen aus Schwyz an den Rhein. Josefine Willimann kam mit den Dominikanerinnen vom II. Orden nach Arenberg und wurde als Schwester Cherubine zur Gründerin der Kongregation. Zu ihren Lebzeiten entstanden 42 Niederlassungen mit 662 Schwestern, die vor allem am Rhein und in und um Berlin wirkten.

In der DDR-Zeit wurden die Schwestern aus Ost-Berlin und Brandenburg durch den Bau der Mauer vom Mutterhaus getrennt. Im Kloster Michendorf entstand ein eigenes Noviziat zur Heranbildung junger Schwestern. Heute leitet der Konvent der Dominikanerinnen das St. Norberthaus, ein Heim für geistig und mehrfach behinderte Kinder und Jugendliche. Nach der Wende wurde dem Norberthaus auch eine katholische Förderschule für geistig Behinderte angegliedert, die die Kinder nach ihren Möglichkeiten fördern und ihre soziale Integration ermöglichen will.

Neben diesem großen Aufgabenbereich arbeiten die Dominikanerinnen auch in der Diaspora-Gemeinde St. Caecilia mit. Die Klosterkapelle dient seit 1945 auch als Pfarrkiche für Michendorf und Umgebung.

Frau Priorin Engelberta informiert nicht nur über Ordensgemeinschaft und Norberthaus, sie gibt mit folgenden Rezepten auch Einblick in die Michendorfer Küche:

SCHMORGURKEN

1 kg Gurken
50 g Speck, fein gewürfelt
20 g Margarine
3 kleine Mohrrüben
3 Tomaten
Sellerieblätter

Dill
Salz, Pfeffer, Essig
Lorbeerblatt
Speisestärke zum Binden
etwas Rahm nach Belieben

Gurken schälen, der Länge nach halbieren, entkernen und in längliche Stücke schneiden. Mohrrüben schälen, klein schneiden, Tomaten häuten und achteln, Sellerieblätter und Dill hacken. Speck auslassen, Margarine zugeben und erhitzen, Gurkenstückchen darin an-schmoren. Mohrrüben, Tomaten, Sellerieblätter, Dill und Lorbeerblatt dazugeben, mit Wasser nach Bedarf aufgießen und mit Salz, Pfeffer und Essig würzen. Schmorgurken gar kochen, mit Speisestärke binden und nach Belieben mit Rahm verfeinern.

SCHMANDKUCHEN

225 g Mehl
100 g Zucker
125 g Butter
1 Ei
½ P. Backpulver

Belag:
½ l Milch
2 P. Vanillepuddingpulver
150 g Zucker
3 Becher Schmand
1 kleine Dose Mandarinen

Mehl mit Backpuvler vermischt auf die Arbeitsfläche geben, in die Mitte eine Vertiefung eindrücken, Zucker und Ei hineingeben, Butter in Flöckchen dazugeben und alles rasch zu einem glatten Teig verkneten. Ausrollen und Boden und Rand einer Springform damit auslegen. Für den Belag Pudding mit Milch und Zucker nach der Beschreibung auf dem Päckchen kochen, dann den Schmand unterrühren und die abgetropften Mandarinen aus der Dose vorsichtig untermengen. Masse auf den Teigboden geben und bei 175 Grad Umluft etwa 40–50 Minuten backen.

Benediktinerabtei
D-97359 Münsterschwarzach
Bayern

Münsterschwarzach wurde als eines der ältesten Klöster in Franken bereits 816 gegründet. Dieses alte benediktinische Zentrum wurde nach einer wechselvollen Geschichte über die Jahrhunderte 1803 durch die Säkularisation aufgehoben. Für 110 Jahre erlosch das klösterliche Leben, die Gebäude verfielen. Die Missionsbenediktiner von St. Ottilien (Oberbayern) erwarben die Reste der Abtei und besiedelten sie 1913 wieder.

Nach der Säkularisation wurde die ehemalige Barockbasilika durch Blitzschlag beschädigt und 1825 abgebrochen. Die heutige Abteikirche mit beeindruckenden Ausmaßen wurde von 1935 bis 1938 erbaut. Die Architektur der Kirche lenkt die Blicke auf die große Kreuzdarstellung im Altarraum, die Christus am Kreuz als den Sieger darstellt, der den Tod überwunden hat.

Tätigkeitsbereiche der Benediktiner von Münsterschwarzach sind die Mission, Erziehungs-, Seelsorge- und Bildungsaufgaben. Ein für die Kongregation bezeichnendes Arbeitsgebiet ist die Mission. Die Missionsklöster in verschiedenen Erdteilen sind nicht nur Zentren des religiösen Lebens, sondern auch des sozialen und wirtschaftlichen Fortschritts.

Die Abtei führt auch ein Gymnasium mit Internat und Tagesheim, bildet in den Werkstätten des Klosters Lehrlinge aus, bietet ein Gästehaus für Kurse, Tagungen und geistliche Übungen an, ist in Verlag und Druck tätig (Vier-Türme-Verlag), unterhält ein Missionsmuseum und betreibt eine Buchhandlung.

Der Küchenchef, Bruder Edelbert, hat täglich für etwa 500 Personen (Kloster, Gästehaus, Internat und Tagesheim) zu kochen. Im »Gemüseland« gibt es gesunde und schmackhafte Gemüsegerichte wie

Bruder Edelberts Kohlrabiauflauf

0,5 kg Kartoffeln
0,5 kg Kohlrabi
50 g Sonnenblumenkerne
1 Zwiebel, fein gewürfelt
1 EL Butter
Salz, Pfeffer, Muskat

150 ml Naturjoghurt
150 ml Sahne
3 Eier
150 g geriebener Käse
150 g Vollkornbrotbrösel
30 g Butterflöckchen

Sonnenblumenkerne in einer Pfanne goldgelb rösten. Zwiebelwürfel in der heißen Butter anrösten. Kartoffeln und Kohlrabi schälen, grob raspeln und mit den Sonnenblumenkernen mischen. Mit Salz, Pfeffer und Muskat würzen und in eine gefettete Auflaufform füllen. Zwiebelwürfel dazugeben. Sahne, Joghurt und Eier miteinander verrühren, mit Salz, Pfeffer und Muskat würzen und über die Kartoffel-Kohlrabi-Masse gießen. Vollkornbrotbrösel mit dem geriebenen Käse mischen und darauf verteilen. Mit Butterflöckchen belegen und bei Mittelhitze im Rohr backen.

Kartoffel-Zucchini-Hackfleisch-Auflauf

0,5 kg gekochte Kartoffeln
0,5 kg Zucchini
Salz, Pfeffer
250 g Hackfleisch
1 Zwiebel, fein gewürfelt

30 g Fett
4 Eier
150 ml Sahne
150 g geriebener Käse

Kartoffeln und Zucchini in Scheiben schneiden und in eine gefettete Auflauffom einschichten, salzen und pfeffern. Zwiebelwürfel und Hackfleisch in heißem Fett anrösten und über die Kartoffel- und Zucchinischeiben verteilen. Eier mit Sahne verquirlen, würzen und über den Auflauf gießen. Geriebenen Käse darüberstreuen und bei 180 Grad 30–40 Minuten backen.

Sonntagsschnitzel nach Münsterschwarzacher Art

4 Schweineschnitzel
Salz, Pfeffer
Ei, Mehl, Brösel zum Panieren
Fett zum Backen
1 Zwiebel, fein gewürfelt

20 g Butter
150 g Schinken
1 Päckchen Zwiebelsuppe
400 ml Sahne

Schnitzel salzen, pfeffern, panieren und backen, dann in eine Auflaufform legen. Zwiebelwürfel in Butter rösten, Schinken in Streifen schneiden und mit dem Zwiebelsuppenpulver aus dem Päckchen mischen, über den Schnitzeln verteilen und mit Sahne übergießen. Über Nacht kühl stehen lassen. Am nächsten Tag im Rohr überbacken.

Diese Schnitzel werden gerne sonntags gereicht, da sie sich gut vorbereiten lassen. Das Rezept kann auch mit Natur-Schnitzeln gemacht werden, aber nach Aussage der Hauswirtschaftsmeisterin Iris Hüttner, der »rechten Hand« von Bruder Edelbert, lieben die Gäste die in der Soße etwas »pampfige« Panade.

Zisterzienserinnen-Abtei
Oberschönenfeld
D-86459 Gessertshausen
Bayern

Oberschönenfeld, 15 km südwestlich von Augsburg gelegen, ist das älteste Zisterzienserinnen-Kloster im deutschsprachigen Raum. Nach der Überlieferung schlossen sich um 1186 fromme Frauen in Oberhofen zu einer Beginen-Gemeinschaft zusammen. Graf Volkmar II. von Kemnat schenkte ihnen Grundbesitz, so ließen sie sich 1211 in Oberschönenfeld nieder und schlossen sich 1220 dem Zisterzienserorden an.

Der Vorarlberger Baumeister Franz Beer II. von Bleichten erbaute von 1718 bis 1723 die heutige Klosteranlage. Künstler aus Augsburg statteten die Kirche im Stil des Spätrokoko aus.

Aufgabenbereiche der Schwestern sind heute Haus und Garten, Altenheim und Gästebetreuung, Buch- und Kunsthandlung und Paramentenstickerei. Außerdem betreiben die Zisterzienserinnen eine traditionelle Holzofen-Bäckerei, deren »Original-Oberschönenfelder-Schwarzbrot« sehr begehrt ist.

Rezepte, die gern im Kloster gekocht werden, stellt Schwester Regina vor:

Oberschönenfelder Schwarzbrotauflauf

250 g Schwarzbrotbrösel (trocken gewogen)
¹/₂ l kalte Milch
50 g Butter
4 Eier, getrennt

150 g Zucker
40 g Kakao
¹/₂ P. Backpulver

Schwarzbrotbrösel in der Milch einweichen, Butter, Zucker und Eigelb schaumig rühren. Eiweiß zu steifem Schnee schlagen. Brotmasse mit Kakao und Backpulver unter die Eigelbcreme mischen, zuletzt den Eischnee unterziehen. In einer gebutterten Auflaufform bei schwa-

cher Hitze etwa 30 Minuten backen. Mit Vanille- oder Weinschaumsoße servieren.
Dieser Auflauf schmeckt natürlich am besten mit »Original-Oberschönenfelder-Schwarzbrot«!

Krautkrapfen

500 g Mehl
Salz
2 Eier
4 EL Wasser

Füllung:
2 Zwiebeln, gewürfelt
40 g Fett
200 g roher Bauchspeck, fein gewürfelt
500 g Sauerkraut
Salz

Mehl mit Salz, Eiern und Wasser zu einem Nudelteig verkneten, ca. 30 Minuten ruhen lassen, dann ausrollen und füllen.
Für die Füllung Zwiebelwürfel in Fett andünsten, Bauch-

speck mitrösten, mit Sauerkraut vermengen, nach Bedarf salzen. Fülle auf dem Nudelteig verteilen, aufrollen und ca. 5 cm breite Stücke abschneiden. In eine gefetteten Reine setzen und bei schwacher Mittelhitze dünsten.

Benediktinerabtei Ottobeuren
Sebastian-Kneipp-Straße 1
D-87724 Ottobeuren
Bayern

Die Benediktinerabtei Ottobeuren, heute eine der größten barocken Klosteranlagen Deutschlands, wurde 764 von Graf Silach gegründet und in der Folge von Kaiser Karl d. Großen und seiner Gemahlin Hildegard großzügig mit Ländereien bedacht. Weit über 1200 Jahre leben hier ununterbrochen Mönche des Heiligen Benedikt im Laufe einer wechselvollen Geschichte. Zeiten überregionaler Bedeutung erlebte das Kloster im 12. Jh. (Buchmalerei, Schreibstube), im 16. Jh. (Humanismus, 1509 Errichtung einer Druckerei) und auch im 18. Jh. (Barockbauten, bedeutende Naturforschungen).

Die Konventgebäude wurden Anfang des 18. Jh. neu erbaut, der Kirchenneubau wurde 1737 begonnen; die Erneuerung der gesamten Anlage war zur Tausendjahrfeier des Klosters vollendet.

Heute liegen die Arbeitsschwerpunkte der Benediktiner in der Seelsorge in Ottobeuren und Umgebung, im schulischen Bereich (Gymnasium und Realschule), in Verwaltung, Wirtschaft, Haus, Garten, in den Werkstätten des Klosters und in der Gästebetreuung.

Die Abtei bietet interessierten Gästen verschiedene Kurse (Ikonenmalerei, Bildungsurlaub Latein) oder Exerzitien an. Besondere Anziehungspunkte sind Museum, Barockbibliothek, Staatsgalerie, Theater- und Kaisersaal sowie der Klosterladen mit Buchhandlung. In den Sommermonaten finden in der Basilika und im Kaisersaal der Abtei die festlichen Ottobeurer Konzerte statt.

Der Cellerar der Abtei, Frater Tobias, stellt hier zwei Rezepte aus der Ottobeurer Küche vor. Das Rezept für die »Kässpätzle« stammt vom verstorbenen Pater Ägidius Kolb, der »Dürrobststrudel mit Walnußeis« ist eine Creation von Frater Tobias.

KÄSSPÄTZLE

500 g Mehl
6–8 Eier
etwas Wasser
Salz nach Belieben

200 g Emmentaler (möglichst alt und trocken, gerieben)
60 g Butterschmalz
1 Zwiebel in dünnen Scheiben oder Würfeln

Mehl, Eier, etwas Wasser und Salz zu einem sämigen, zähflüssigen Teig anrühren und mit dem Spatzenhobel in sprudelndes Salzwasser hobeln. Nach dem ersten Aufwallen die gegarten Spätzle mit dem Schaumlöffel entnehmen und etwas abtropfen lassen. Spätzle in 2 cm starken Lagen in eine vorgewärmte Schüssel geben, dabei zwischen die einzelnen Lagen reichlich geriebenen Käse streuen. Damit der Käse zerfließen kann, läßt man die abgedeckte Schüssel einige Minuten im Wärmefach oder im warmen Backrohr stehen. Zwiebeln im heißen Butterschmalz rösten, vor dem Servieren über die Spätzle geben.

Nach Pater Ägidius spritzen erfahrene Allgäuer Köchinnen vor dem Übergießen mit Fett und Zwiebeln 1 EL Essig über die fertige Spätzleschüssel.

DÜRROBSTSTRUDEL MIT WALNUSSEIS

4–8 Flädle (Pfannkuchen), je nach Größe
400 g Dürrobst (getrocknete Apfelscheiben, Zwetschgen, Weintrauben, Mischung nach Geschmack)

Rum zum Einweichen
Johannisbeermarmelade zum Bestreichen
Walnußeis

Dürrobst 12 Stunden in Rum einweichen. Flädle mit Johannisbeermarmelade bestreichen. Geweichtes Dürrobst auflegen und einrollen. Die gefüllten Flädle etwa 10 Minuten in der vorgeheizten Backröhre erhitzen, dann auf Teller geben, mit Walnußeiskugeln (2–3 pro Portion) dekorieren und heiß servieren.

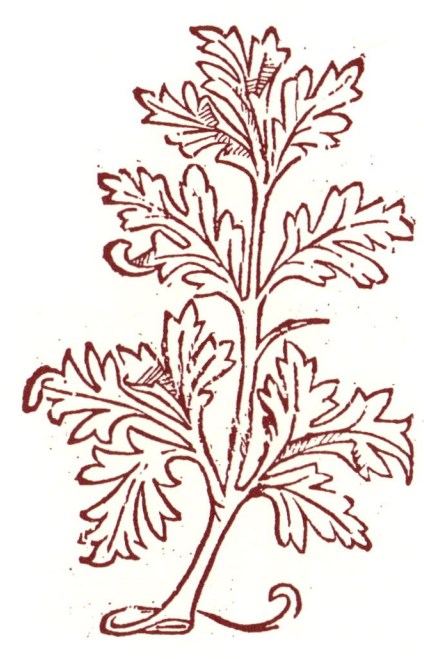

Salvatorkolleg
Klosterberg 4
D-94034 Passau
Bayern

Das Salvatorkolleg liegt über dem Zusammenfluß von Donau, Inn und Ilz auf dem Klosterberg. 1925 erwarben die Salvatorianer das »Nonnengütl«, das 1663 von den Benediktinerinnen nach dem verheerenden Stadtbrand von 1662 als Zufluchtsort errichtet worden war.

Das Kolleg der Salvatorianer besteht von Anfang an als Ausbildungshaus für die jungen Mitglieder des Ordens. Hier findet das einjährige Noviziat statt, von hier aus besuchen die Salvatorianer-Studenten die Universität Passau zum Studium der Philosophie und der Theologie.

Die Gemeinschaft der Salvatorianer ist als internationale Ordensgemeinschaft mit 1200 Mitgliedern in 17 Provinzen weltweit tätig. Sie wurde 1881 von Franziskus Jordan in Rom gegründet als Gemeinschaft von Laien und Priestern, die den Seelsorgeauftrag der Kirche in Erziehung, Schule, Wissenschaft und Mission »mit allen Mitteln, die die Liebe Christi eingibt« verwirklichen sollen.

Die Mitglieder des Salvatorianerkollegs in Passau sind in verschiedenen Bereichen tätig: an der Universität, in verschiedenen Schulen, in der Missions- und Hausverwaltung, in der Aushilfsseelsorge und in der internen Ausbildung. Als Wirtschaftsbetrieb führt das Kloster eine große Obst- und Beerenplantage.

Die teils internationale Zusammensetzung der Klosterberger Gemeinschaft prägt auch die Küche des Kollegs. So stellt der Küchenchef, Bernhard Mühlbauer, ein Sonntagsgericht vor, das bei allen Herren Salvatorianern gut ankommt:

RINDERSCHMORBRATEN »ESTERHÁZY«

³/₄ kg gut abgehangenes Rindfleisch (Lende)
Salz, Pfeffer
Fett zum Braten
250 g Röstgemüse
1 EL Tomatenmark
0,3 l Rot- oder Weißwein
0,3 l brauner Kalbsfond

1 Gewürzbeutel (Lorbeerblatt, Thymianzweig,
3 Knoblauchzehen, 1 Nelke, 7 Pfefferkörner,
80 g Petersilienstiele)
etwas Stärke zum Binden
Gemüsestreifen von
2–3 Karotten, ¹/₂ Sellerie, 1–2 Stangen Lauch
2–3 EL Butter, etwas Brühe

Fleisch mit Salz und Pfeffer würzen, in einer Schmorpfanne in heißem Fett von allen Seiten anbraten. Röstgemüse beifügen und mitbraten, Tomatenmark dazugeben und kurz mitrösten. Mit Wein ablöschen, einkochen, bis der Ansatz glänzt, dann braunen Kalbsfond in die Schmorpfanne gießen, bis das Fleisch zu einem Viertel seiner Dicke darin liegt. Fond aufkochen lassen, Gewürzbeutel dazugeben, dann den Braten zugedeckt im Backrohr bei mäßiger Hitze etwa 2 Stunden schmoren. Während des Garens Braten mehrmals wenden und verdunstete Flüssigkeit ersetzen. Das geschmorte Fleisch aus dem Geschirr nehmen und vor dem Portionieren etwas ruhen lassen. Sauce durch ein Sieb passieren, nach Bedarf Fett abschöpfen. Sauce mit angerührter Stärke leicht binden und abschmecken.

Für die Garnitur Gemüsestreifen in Butter anschwitzen, mit wenig Brühe kurz dünsten. Das Gemüse muß Biß haben. Gemüsestreifen ohne Flüssigkeit auf die Schmorbratenscheiben geben. Herzoginkartoffeln oder Spätzle dazu servieren.

Kloster der Benediktinerinnen von St. Alban

D-86911 St. Alban
bei Dießen am Ammersee
Bayern

Im Jahre 1923 entstand die Vereinigung der »Schutzengelschwestern«, die sich der Pflege und Erziehung von Waisenkindern und Jugendlichen widmete. 1957 wurde aus der Schwesterngemeinschaft, die ihr Leben immer schon nach der Regel des heiligen Benedikt ausgerichtet hatte, die Kongregation der Benediktinerinnen von St. Alban. Neben dem Priorat am Ammersee gehört auch St. Alban's Priory in der Diözese Eshowe in Südafrika zur Kongregation. Hauptaufgabe der Schwestern ist auch heute die Erziehung von Kindern und Jugendlichen. In ihrem Heim direkt am Ammersee betreuen die Benediktinerinnen ihre Schützlinge in »Familien«-Gruppen. Daneben sind einige Schwestern als Seelsorgehelferinnen und Katechetinnen tätig.
Die Küchenchefin, Schwester Hedwig, stellt zwei beliebte Spezialitäten ihrer Küche vor:

HUTZELBROT

450 g Mehl, halb Roggen-, halb Weizenmehl
50 g Hefe
150 g getrocknete Birnen
150 g getrocknete Zwetschgen
150 g Feigen
50 g Rosinen
50 g Zitronat, gehackt
50 g Orangeat, gehackt

50 g Nüsse, gehackt
80 g Zucker
1 TL Salz
½ EL Anis, ganz
½ EL Zimt
1 Messerspitze Nelkenpulver
½ EL Lebkuchengewürz
1 TL lösliches Kaffeepulver

Birnen und Zwetschgen kernig weich kochen, mit dem Kochwasser zu den halbierten, gewaschenen Feigen geben, über Nacht zugedeckt stehen lassen. Dann die Flüssigkeit durch ein Sieb abgießen und beiseite stellen. Aus Mehl, Hefe und Kochwasser nach Bedarf einen mittelfesten bis festen Hefeteig herstellen, alle übrigen Zutaten untermengen, zuletzt das gekochte Dörrobst darunterkneten. Teig etwa 30 Minuten gehen lassen, dann in eine gefettete Kastenform füllen (bis ¾ der Füllhöhe) und nochmals gehen lassen. Bei 180 Grad etwa 1 Stunde backen. Mit dem Rest der Dörrobstbrühe bestreichen, damit das Hutzelbrot einen schönen Glanz bekommt.

AMMERSEE-RENKEN IN RAHMSOßE

Frische, küchenfertige Renken waschen, mit Zitronensaft beträufeln, dann etwas ruhen lassen. Mit Salz und Pfeffer würzen, in Mehl wenden, in heißem Fett auf beiden Seiten leicht anbraten. Etwas Brühe oder Weißwein aufgießen und fünf Minuten dünsten lassen. Rahm darüber gießen und kurz anbräunen lassen. Petersilien-Kartoffeln und Kopfsalat dazu reichen.

Benediktinerabtei zum Hl. Kreuz
D-85297 Scheyern
Bayern

Graf Otto II. von Scheyern-Wittelsbach und seine Gemahlin Haziga stifteten um 1076 in Bayrischzell ein Kloster, das 1080 durch Benediktiner des Reformklosters Hirsau besiedelt wurde. Bald siedelte der Konvent nach Fischbachau über, um 1104 wurde das Kloster auf den Petersberg bei Dachau verlegt. 1119 wandelte Otto V. von Scheyern-Wittelsbach seine Stammburg in Scheyern in ein Kloster um, das nun die Benediktiner vom Petersberg bezogen. Bis 1253 diente das Kloster auch als Begräbnisstätte der Wittelsbacher. Heute sind die Scheyerer Fürstenbilder in der Wittelsbacher Grabkirche anschauliche Dokumente ihrer Zeit und ihres Zeitgeistes.

Durch die Grafen von Dachau kam 1180 die große Reliquie vom Kreuz Christi nach Scheyern und machte das Kloster zu einem vielbesuchten Wallfahrtsort, besonders zu den Hauptwallfahrtsfesten Kreuzauffindung (Sonntag vor bzw. nach dem 3. Mai) und Kreuzerhöhung (Sonntag vor bzw. nach dem 14. September).

Abtei und Kirche mit dem massiven, einst freistehenden Turm sind Zeugen des Hirsauer Baustiles. Um 1770 wurde die Abteikirche in spätem Rokoko ausgeschmückt.

Heute wirken die Benediktiner in der Seelsorge, in der Bildung und Erziehung (Lehrer am Gymnasium, an der Berufsoberschule, Erzieher im Schülerheim), arbeiten wissenschaftlich oder in der Gästebetreuung, der Land- und Forstwirtschaft und in den Werkstätten der Abtei. Der Schyren-Hof lädt ein zu Tagungen oder zu erholsamen Ferien im Schatten der Abtei.

Die Köchin der Scheyrer Klosterküche, Hedi Berthold, verrät ihr Festtags-Schmankerl:

ca. 750 g ausgelöster Kalbsrücken
50 g geräucherter Speck, in feinen Scheiben
Knobauchzehen, in ca. 20 dünne Stifte geschnitten
frische Rosmarinnadeln zum »Spicken«
Salz, Pfeffer

2–3 EL weiche Butter
1 EL Mehl
15 cl klare Instant Brühe
15 cl trockener Weißwein

Kalbsrücken mit einem Tuch abreiben, mit den Speckscheiben umwickeln und die Oberfläche mit etwa 20 kleinen Einschnitten (spitzes Messer verwenden) versehen. Jeweils einige Rosmarinnadeln mit einem Knoblauchstift in jeden der Einschnitte stecken. Braten mit Salz und Pfeffer bestreuen und mit Butter bestreichen. Im mäßig heißen Ofen unter häufigem Begießen mit dem Bratensaft etwa 1 Stunde braten.

Für die Sauce etwas Bratensaft in eine tiefe Pfanne geben, Mehl einstreuen und auf dem Herd rösten lassen. Mit etwas Brühe ablöschen, dann den Rest zugießen und unter Rühren aufkochen lassen. Die Soße durch ein Sieb gießen, Wein zugeben, nochmals kurz erhitzen (nicht kochen) und mit Salz und Pfeffer abschmecken. In einer Sauciere zum Braten reichen.

Kloster der Missions-Dominikanerinnen
D-82444 Schlehdorf
Bayern

Das Kloster Schlehdorf wurde als Benediktinerabtei im 8. Jh. gegründet, Anfang des 10. Jh. von den Ungarn zerstört und 1140 als Augustiner-Chorherrenstift wieder errichtet. Seit etwa 100 Jahren beleben Missions-Dominikanerinnen das Kloster. Die Wurzeln der Gemeinschaft gehen auf den Heiligen Dominikus zurück, der 1215 in Toulouse den Predigerorden gründete. Heute wirken die Missions-Dominikanerinnen in Europa, Afrika und Südamerika. In Schlehdorf, der größten Niederlassung, befindet sich das Noviziat für alle europäischen Kandidatinnen.

Die Missions-Dominikanerinnen sind tätig in der Erziehung von Kindern und Jugendlichen, in der Seelsorge, der Jugend- und Erwachsenenarbeit, der Kranken- und Altenpflege und in der Arbeit mit Randgruppen.

In Schlehdorf wird eine Mädchenrealschule geführt. Im »Haus Dominikus« werden Kurse verschiedener Art, »Tage im Kloster« oder »Aufwind-Tage« für Erholungssuchende angeboten. Mitbringsel, Reiseführer und Bücher gibt es im Klosterladen.

Schwester Blanca gewährt mit den folgenden Rezepten Einblick in die Schlehdorfer Klosterküche:

LÄMMERSCHWÄNZ

*¹/₂ Tasse Schweinefett
oder 100 g Butter oder Margarine
5 Eier
750 g Mehl
1 TL Salz*

*Saft und abgeriebene Schale einer Zitrone
1 TL Natron
¹/₄–³/₈ l Dickmilch
Fett zum Backen*

Mehl mit Salz, Zitronenschale, -saft und Natron vermischen, mit Eiern und Dickmilch nach Bedarf zu einem mittelfesten Teig verarbeiten, Fett zum Schluß darunterkneten. Daumendicke Rollen aus dem Teig formen, davon 10 cm lange Stücke abschneiden und in heißem Fett schwimmend backen.

GEBACKENE SALBEIBLÄTTER

Größere Salbeiblätter waschen, trocknen lassen, dann in einen schwach gesüßten Pfannkuchenteig tauchen und in heißem Fett schwimmend backen. Mit Puderzucker bestäubt servieren. Kompott dazu reichen.

Cella St. Hildegard der
Evangelischen Schwesternschaft Ordo Pacis

An den Ziegelteichen 5
21217 Seevetal (Fleestedt)
Hamburg

In der »Evangelischen Schwesternschaft Ordo Pacis« schlossen sich 1953 Frauen zu einer Gemeinschaft zusammen, die geprägt ist von dem Bewußtsein, daß diese Welt durch den Frieden Gottes heil werden kann und soll. Diesem Frieden öffnen sie sich im Gebet. Entscheidend für ihr Beten ist, daß sie selbst zu dieser friedlosen Welt gehören und mit ihr ganz auf die Versöhnung durch Christus angewiesen sind. Die Schwestern glauben, daß das, was sie für sich empfangen, auch in der Kirche, unter allen Menschen und in der ganzen Schöpfung wirksam wird.

Heute sind rund 40 Schwestern über ganz Deutschland verstreut; einige davon sind verheiratet, viele leben allein; zwei kleine Gruppen von Schwestern leben in klösterlicher Gemeinschaft (Kommunität). Für die Schwestern in den beiden kommunitären Gruppen (Seevetal und Schlöben bei Jena) steht das Gebet ganz im Mittelpunkt des Alltagslebens: die gemeinsamen Stundengebete, die tägliche Feier der Eucharistie, Zeiten der Betrachtung und der Stille bestimmen den Tagesablauf.

Die Häuser der Kommunitäten sind offen für Menschen, die diesen Rhythmus des Betens und Lebens kennenlernen und einige Zeit mitleben möchten.

Schwester Luise stellt ein Sonntagsgericht der Kommunität in Seevetal vor, wobei die Nähe des Welthafens Hamburg einen exotischen Hauch in die Küche bringt:

POLYNESISCHES HUHN

etwas Fett
1 kleine Stange Porree, in Stücken
250 g (Tiefkühl-)Hähnchenfilet in Würfeln
1 Dose Ananasstücke mit Saft
1 große Banane, gewürfelt

etwas Brühe
reichlich Ingwerpulver
Salz, Zitronensaft
Mehl und Rahm zum Andicken

Fett in einem größeren Topf erhitzen, Porreestücke andünsten, Hähnchenfilet zufügen und mitrösten. Ananasstücke, Saft und Brühe zugeben, alles zugedeckt garen. Bananenwürfel kurz vor dem Ende der Garzeit zufügen.

Mit Ingwerpulver, Salz und Zitronensaft würzen und nach Belieben mit etwas Mehl und Rahm andicken. Naturreis und Salat dazu servieren.

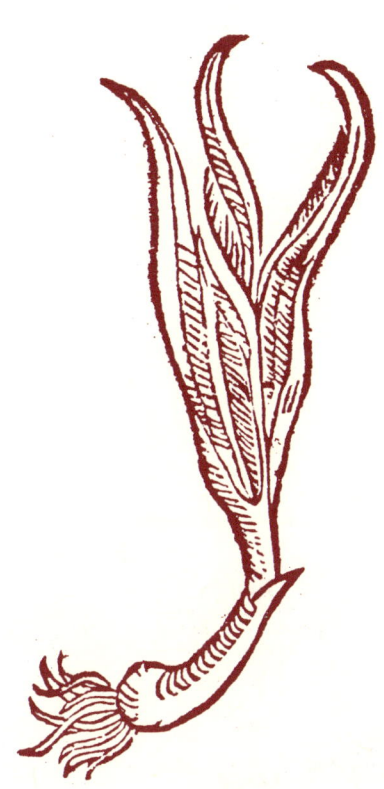

Benediktinerabtei Michaelsberg

Bergstraße 26
D-53721 Siegburg
Nordrhein-Westfalen

Erzbischof Anno von Köln gründete 1064 die Abtei Michaelsberg. Sie liegt auf einem Bergkegel, etwa 40 Meter über der Stadt Siegburg, am südöstlichen Rand der Kölner Bucht.

1070 wurde die Abtei Zentrum der klösterlichen Reformbewegung im Geist von Cluny. Diese Bewegung breitete sich nicht nur nach Norden und Osten, sondern sogar bis in die Regensburger Diözese aus, als Kuno, der dritte Abt von Siegburg, dort Bischof wurde. Der 1075 verstorbene Gründer der Abtei, Erzbischof Anno, wurde 1183 heiliggesprochen. Seine Gebeine ruhen in einem kostbaren Schrein des Nikolaus von Verdun in der Abteikirche.

Nach wechselvollen Zeiten wurde die Abtei 1803 unter Napoleon aufgehoben und die Gebäude als Kaserne, Irrenanstalt und Zuchthaus zweckentfremdet. Seit der Wiederbesiedlung der Abtei 1914 durch Mönche aus dem niederländischen Merkelbeek gehört sie zur Kongregation von Subiaco/Italien, der weltweit größten Benediktinerkongregation. Im Dritten Reich wurde die Abtei 1941 aufgehoben. Durch einen Bombenangriff wurden Kirche und Abtei 1944 schwer zerstört. Von 1946 bis 1966 dauerte der Wiederaufbau der Abtei, 1953 wurde die Kirche geweiht.

Arbeitsschwerpunkte der Mönche sind heute Wirtschaft, Verwaltung und handwerkliche Betriebe der Gemeinschaft, die Bibliothek, damit verbunden wissenschaftliche und publizistische Arbeit, die Seelsorge und die Betreuung von Gästen.

Erholungssuchenden Gästen stehen die Abtei-Stuben mit Café und Restaurant, ein Hotel garni und das Jugendgästehaus St. Maurus zur Verfügung. Die Buch- und Kunsthandlung bietet religiöse Literatur sowie Kunsthandwerk an. Nach altem Klosterrezept wird der Siegburger Abtei-Liqueur von den Mönchen hergestellt und in ausgefallene Glas- oder Ton-Gefäße abgefüllt.

In den Abtei-Stuben würzt der Liqueur die »Abtei-Torte« oder den »Abtei-Becher«.

Bruder Timotheus zeigt weitere Verwendungsmöglichkeiten auf:

SIEGBURGER ABTEI-LIQUEUR-KAFFEE
(1 Portion)

3 cl Siegburger Abtei-Liqueur
9 cl heißer schwarzer Kaffee

1 Tupfen Schlagsahne

Liqueur in einen vorgewärmten Becher geben. Heißen Kaffee dazugießen. Schlagsahne mit dem Löffelrücken an der Oberfläche des Getränks verteilen. Nicht mischen!

Die Sahne soll obenauf schwimmen, damit der Abtei-Liqueur-Kaffee durch die Sahne genossen werden kann.

BANANEN MIT ABTEI-LIQUEUR

4 Bananen (nicht zu weich)
Puderzucker

50 g Butter
3–4 EL Abtei-Liqueur

Bananen schälen, halbieren und in Puderzucker rollen. Butter in einer Pfanne erhitzen, Bananen darin goldgelb

braten. 2 EL Liqueur zugeben, etwas Liqueur darüber gießen und flambieren.

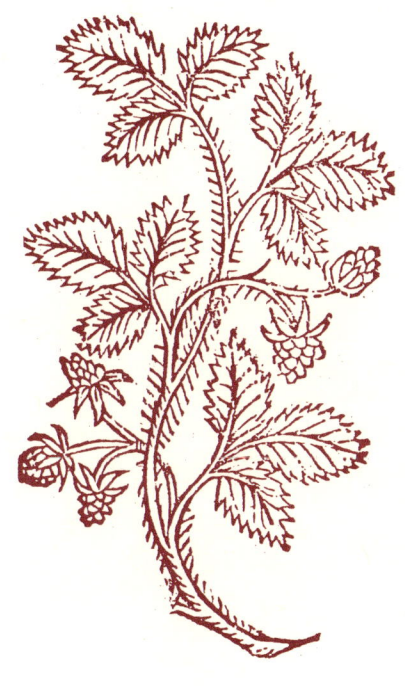

Salvatorianer-Kloster
Steinfeld
Hermann-Josef-Straße 4
D-53925 Kall-Steinfeld
Nordrhein-Westfalen

Gründung und Weihe der ersten Kirche in Steinfeld reichen in die Zeit Heinrichs I. (919–936) zurück, eine erste klösterliche Niederlassung erfolgte 1070. Die in Steinfeld seit 1121 ansässigen Regularkleriker übernahmen 1130 die Regel des Prämonstratenser-Ordens, der erst 1120 vom heiligen Norbert von Xanten gegründet worden war. Steinfeld, das zu den bedeutendsten Klöstern im deutschen Reich gehörte, gründete Tochterklöster in Deutschland, Holland, Irland und im Osten, darunter auch das Stift Strahov bei Prag (1140). Bis zur Säkularisierung 1802 regierten 44 Äbte in ununterbrochener Reihenfolge in Kloster Steinfeld. 1923 wurde das Kloster durch die Salvatorianer, eine 1881 von Pater Franziskus Jordan gegründete Ordensgemeinschaft, wiederbelebt.

Tätigkeitsbereiche der Salvatorianer sind heute neben der Seelsorge das Gymnasium und das Internat, das Gästehaus, die Buchhandlung und die verschiedenen Werkstätten. In der Bildungs- und Begegnungsstätte des Klosters, dem Franziskus-Jordan-Haus, finden Tagungen, Kurse und Exerzitien statt; daneben bietet es Urlaub in klösterlicher Atmosphäre an, auch für Familien mit Kindern.

Viele Menschen zieht es in die romanische Basilika, die das Grab des heiligen Hermann-Josef, des »Mönchs von Steinfeld« (gestorben um 1240), birgt.

Neben der Basilika, die ab 1480 im Innenraum erneuert und in der Barockzeit weiter ausgestaltet wurde, sind gotische Teile der Klosteranlage und die aus der Barockzeit stammenden Höfe besonders sehenswert.

Das Fest des Heiligen Hermann Josef wird im Kloster Steinfeld jedes Jahr unter großer Teilnahme der Bevölkerung gefeiert. Pater Superior Hubertus stellt hier eine Spezialität aus der Klosterküche vor, die es traditionell zum Hermann-Josef-Fest in Steinfeld gibt. Die Erbsensuppe wird an diesem Festtag im Mai nach dem Hochamt den etwa 1000 Besuchern im Kreuzgang, im Refektorium und in den anschließenden Räumen mit einem Brötchen gereicht. Die Käsesuppe ist eine Alternative oder eine Ergänzung für denselben Anlaß.

Das Rezept der Erbsensuppe ist hier in der Original-Menge für 450 Liter angegeben, daneben in der Umrechnung (der Verfasserin) auf 4 Portionen:

Erbsensuppe zum Hermann-Josef-Fest in Steinfeld

Originalmenge (für 450 l)
70 kg getrocknete Erbsen
500 Stück Würstchen
2 kg Möhren
2 kg Sellerie
50 Stangen Porree
18 kg Speck
10 ky Zwiebeln
20 kg Kartoffeln
Salz, Majoran

4 Portionen
100 g getrocknete Erbsen
2 Würstchen
1 Möhre
1 Scheibe oder ⅛ Knolle Sellerie
1 kleine Stange Porree
50 g Speck, fein gewürfelt
1 kleine Zwiebel, fein gewürfelt
4 mittelgroße Kartoffeln
Salz, Majoran

Erbsen am Vortag einweichen. Im Einweichwasser bei geringer Hitze 1½ Stunden kochen. Porree putzen, waschen und in dünne Streifen schneiden. Kartoffeln schälen, waschen und in kleine Würfel schneiden. Möhren und Sellerie waschen, schälen, reiben und mit den Porreestreifen und den Kartoffelwürfeln in der kochenden Erbsensuppe garen.

Speck auslassen, die Zwiebelwürfel darin andünsten, dann zur Suppe geben. Die Würstchen in feine Streifen schneiden und in der Suppe gut erhitzen. Erbsensuppe mit Salz und Majoran würzen.

Steinfelder Käsesuppe

1 Zwiebel
1 EL Fett
125 g Gehacktes, gemischt
1 Stange Porree

100 g Sahneschmelzkäse
100 g Kräuterschmelzkäse
150 g saure Sahne
1 l Brühe

Zwiebel klein schneiden und im heißen Fett andünsten. Gehacktes hinzugeben und anbraten. Brühe aufgießen. Porree in grobe Ringe schneiden und zur Suppe geben. Käse darin schmelzen, Suppe etwa 30 Minuten leicht kochen lassen. Saure Sahne zuletzt unterrühren und die Suppe abschmecken.

Benediktinerabtei Schweiklberg
D-94474 Vilshofen
Bayern

Die Missions-Benediktiner von St. Ottilien erwarben 1904 das »Schweiklgut« (1263 urkundlich erwähnt), um mit einer weiteren Tochtergründung dem wachsenden Bedarf an Missionaren gerecht zu werden.

Der Gründer und erste Abt, Pater Cölestin Maier, errichtete die Abteikirche mit den wuchtigen Türmen, das Missionsseminar und den Südtrakt des Klosters. Auf die Bauphase folgte eine Zeit der geistigen Ausformung des stetig wachsenden Konvents. Jäh unterbrachen der Nationalsozialismus und der Zweite Weltkrieg den Aufschwung des Klosters. Die Benediktiner wurden vertrieben, 35 Mönche fielen im Krieg.

Nach 1945 konnte das klösterliche Leben wieder aufgenommen und die Bildungs- und Erziehungseinrichtungen wieder eingerichtet werden. Die Ausbildung von Lehrlingen in klostereigenen Werkstätten, der Unterricht am sechsklassigen Gymnasium, der Dienst in der Seelsorge, der Einsatz in der Mission und die Leitung des Bildungshauses St. Beda gehören heute zu den Aufgaben der Schweiklberger Missions-Benediktiner.

Der Archivar, Pater Matthäus, entdeckte das Rezeptheft von Schwester Rita, der Chefköchin der Klosterküche von 1946 bis 1964. Dort findet sich eine »Haselnußtorte (Pater Ekkehard)«. Pater Dr. Ekkehard Federl war Musikwissenschaftler und stammte aus Egern. Vielleicht hat er das Rezept aus Böhmen mitgebracht?

HASELNUßTORTE NACH PATER EKKEHARD

8 Eier, getrennt
250 g Zucker
250 g geriebene Haselnüsse
1 P. Vanillezucker
1 TL Backpulver

zum Tränken:
3 EL Wasser
3 EL Rum
Marmelade zum Füllen
Schokoladenguß zum Überziehen

Eidotter mit Zucker und Vanillezucker schaumig rühren, Nüsse und Backpulver mischen und unterrühren. Eiklar zu steifem Schnee schlagen und unterziehen. Teig in eine gefettete, bemehlte Springform füllen und bei 175 Grad etwa 45 Minuten backen. Torte nach dem Erkalten einmal durchschneiden, tränken, mit Marmelade füllen und mit Schokoladenguß überziehen.

Zisterzienserinnenabtei St. Josef

Abteistraße 1
D-94136 Thyrnau
Bayern

Nicht weit von der alten Bischofsstadt Passau entfernt liegt auf den ersten Hügeln des Bayerischen Waldes die Zisterzienserinnenabtei St. Josef in Thyrnau. Im Jahre 1245 in der Nähe von Luzern in der Schweiz gegründet, fand der Konvent der Zisterzienserinnen nach einer wechselvollen Geschichte seit 1902 hier im ehemaligen fürstbischöflichen Jagdschloß eine neue Heimat.

Fünfmal am Tag kommen die Schwestern, die nach der Regel des hl. Benedikt leben, in der Kirche zum Chorgebet zusammen.

Die Ordensfrauen wirken in verschiedenen klösterlichen Arbeitsbereichen: Die Paramentenwerkstätte hat alte Tradition und ist als Lehrbetrieb anerkannt. Auch in der Hauswirtschaft können sich Mädchen im Kloster ausbilden lassen und während dieser Zeit in einem Lehrlingsheim wohnen. Das Gästehaus des Klosters mit 20 Betten steht neben Einzelgästen auch Gruppen zur Erholung oder zu Einkehrtagen zur Verfügung.

Schwester Elisabeth stellt ein Rezept aus der Klosterküche vor, das auch bei den Hausgästen sehr gut ankommt:

THYNAUER EIER

8 Eier
1 große Zwiebel
100 g Schinkenspeck
80 g Butter
8 Tomaten
30 g Mehl

$^1/_4$ l Milch
1 Eigelb
Salz, Pfeffer, Muskat
1 Eigelb
150 g grob geriebener Käse
Schnee von 4 Eiweiß

Eier ca. 5 Minuten kochen, in kaltem Wasser abschrecken und schälen. Zwiebel und Schinkenspeck in feine Streifen schneiden und in 40 g Butter glasig anbraten. Tomaten brühen, abziehen, in Würfel schneiden und zu Speck und Zwiebeln geben.

Mehl in der restlichen Butter hellgelb rösten, Milch unter Rühren aufgießen und mit Salz, Pfeffer und Muskat würzen. Die Masse etwas abkühlen lassen, die Hälfte des Käses dazugeben, das verquirlte Eigelb unterziehen und das zu steifem Schnee geschlagene Eiweiß unterheben. Das Tomaten-Speck-Gemisch in gefettete Förmchen oder in eine Auflaufform füllen, die geschälten Eier hineinsetzen und mit der Käsemasse übergießen. Den restlichen Käse darüberstreuen. Im Backofen bei 175 Grad etwa 15 Minuten überbacken, bis die Eier mit einer goldbraunen Kruste überzogen sind.

Abtei St. Josef

Kloster Nütschau
Benediktiner-Priorat St. Ansgar
D-23843 Travenbrück
Schleswig-Holstein

Kloster Nütschau, das nördlichste Benediktinerkloster Deutschlands, wurde 1951 von den Benediktinern der Abtei Gerleve bei Münster/Westfalen gegründet. Das Kloster wurde dem heiligen Ansgar, dem Benediktiner-mönch aus Corvey an der Weser und Apostel des Nordens anvertraut.

Die Mönche bewohnen ein ehemaliges Herrenhaus, das Graf Hinrich Rantzau im Jahre 1577 als kleines Was-serschloß erbauen ließ. Das Dreigiebelhaus wurde unter großen Mühen restauriert und der neuen Nutzung angepaßt.

Die wachsenden Aufgaben der Benediktiner in Seelsorge, Exerzitien, Jugend- und Erwachsenenbildung erfor-derten auch einen Ausbau der Räumlichkeiten. So entstand das Haus St. Ansgar als Stätte der Besinnung, Bildung und Begegnung. Nach dem Um- und Ausbau 1975 bildet es den Mittelpunkt einer weiträumigen An-lage. Es bietet ein reiches Angebot an Kursen. Das Haus nimmt auch Familien mit Kindern auf.

Das Jugendhaus St. Benedikt bietet ein eigenes Programm und etwa 20 Jugendlichen Räumlichkeiten und Unterkunft. Als zusätzliches Angebot gibt es, dem Kloster angegliedert, den »Stillen Bereich« für Einzelgäste, die Ruhe und Besinnung suchen. Der Gast findet in Kloster Nütschau auch eine Buchhandlung und einen Eine-Welt-Laden.

Pater Heribert vermittelt hier die Rezepte der Spezialitäten, die der Koch des Klosters, Jens Peter Möller, gerne serviert:

Möhrensuppe

400 g Möhren
60 g Sellerie
30 g Zwiebeln
30 g Butter
800 ml Gemüsebrühe

Salz, Pfeffer
etwas Stärkemehl zum Binden
100 ml Sahne
frisch gehackter Kerbel

Möhren waschen, schälen und in Scheiben schneiden. Sellerie waschen, putzen und ähnlich groß wie die Möhren schneiden. Zwiebeln schälen und würfeln.
Butter auslassen, Möhren und Sellerie darin anschwitzen. Zwiebelwürfel dazugeben und mitdünsten. Gemüsebrühe aufgießen und das Gemüse darin gar kochen.

Gemüse in der Suppe pürieren (Pürierstab) oder durch ein Sieb streichen und wieder in die Brühe geben. Suppe salzen, pfeffern, nach Belieben mit etwas Stärke binden und mit Sahne verfeinern. Mit frischem Kerbel garnieren.

Scholle mit Krabben

4 Schollen à 400–450 g, küchenfertig vorbereitet
Saft einer Zitrone
Salz
etwas Mehl
Bratfett

60 g Krabben
20 g Butter
Petersiliensträußchen
Zitronenspalten

Schollen waschen, entlang der Mittelgräte von oben und unten einschneiden, mit Zitronensaft säuern und einige Zeit ziehen lassen.
Schollen salzen, in Mehl wenden und gut abklopfen, damit das Mehl gleichmäßig dünn an der Scholle haftet. Fett in einer ausreichend großen Pfanne erhitzen, Schollen mit der hellen Seite zuerst in die Pfanne geben und

goldgelb anbraten. Dann wenden und in der Pfanne in das vorgeheizte Backrohr geben, weitere 10 Minuten garen lassen. Auf vorgewärmten Tellern anrichten und mit den in heißer Butter geschwenkten Krabben garnieren. Mit Petersiliensträußchen und Zitronenspalten servieren. Dazu passen Butterkartoffeln und Gurkensalat.

Mutterhaus der Missions-Benediktinerinnen
Bahnhofstraße 3
D-82327 Tutzing am Starnberger See
Bayern

Der Beuroner Benediktinerpater Andreas Amrhein gründete 1884 in der ehemaligen Benediktinerabtei Reichenbach in der Diözese Regensburg die Kongregation der Missions-Benediktiner und ein Jahr später den weiblichen Zweig der Gemeinschaft. Wegen ungünstigster Voraussetzungen verließ die Gemeinschaft Reichenbach und siedelte in die ehemalige Hofmark Emming in Oberbayern um, die vom Gründer in St. Ottilien (St.-Ottilien-Kapelle) umbenannt wurde. 1888 war die Umsiedlung beendet. Bereits in diesem Jahr errichteten die ersten Pionier-Missionare in Daressalam eine Missionsstation.

Die ständig wachsende Zahl von Schwestern und eintrittswilligen Kandidatinnen führte 1891 zu einer Filialgründung in Tutzing am Starnberger See. Der Entfaltung des Schwestern-Konvents waren in St. Ottilien räumlich Grenzen gesetzt, so wurde das Mutterhaus 1904 nach Tutzing verlegt.

Seit mehr als 100 Jahren folgte die Kongregation immer wieder dem Ruf in die Mission, trotz großer Schwierigkeiten und Rückschläge in den Anfangsjahren. Rund 1250 Missions-Benediktinerinnen sind heute auf allen Kontinenten im sozialen Einsatz, sie helfen Jungen und Alten, Kranken, Familien, Frauen und Alleinerziehenden. Das Mutterhaus in Tutzing ist heute die Mitte der weltweiten Kongregation. Ein Krankenhaus mit Krankenpflegeschule, eine Realschule und die Missionsprokura sind die Hauptarbeitsbereiche der Gemeinschaft in Tutzing.

Schwester Adelgunde läßt uns in die Kochtöpfe der Klosterküche blicken:

BISCHOFSSUPPE

30 g Butter
40 g Mehl
$\frac{1}{8}$ l Milch
1½ l abgeschmeckte Fleischbrühe

1 Ei
200 g Spinat
etwas Pfeffer, Salz, Muskat
1 EL Zitronensaft

Helle Einbrenne herstellen: Mehl in der heißen Butter anschwitzen, Milch unter Rühren aufgießen, aufkochen lassen, dann unter kräftigem Rühren die Fleischbrühe zugießen und nochmals aufkochen lassen. Das verquirlte Ei dazugeben, es sollen kleine Flöckchen entstehen. Frischen, gewaschenen Spinat in Streifen schneiden, 2–3 Minuten in der Suppe kochen lassen. Suppe mit Salz, Pfeffer, Muskat und Zitronensaft abschmecken.

TRAPPISTENSCHNITZEL

4 Schweineschnitzel vom Hals, à 100 g
Salz, Pfeffer, Paprika
4 EL Mehl
1 Ei
1 EL Milch

Butterfett zum Ausbacken
100 g Trappistenkäse
50 g gekochter Vorderschinken
Zitronenscheiben, Petersilie zum Anrichten

Schnitzel würzen, in Mehl wenden, dann in das mit Milch verquirlte Ei und nochmals in Mehl eintauchen. Die so panierten Schnitzel in heißem Butterfett beidseitig goldgelb backen. Schnitzel dann auf eine vorgewärmte hitzebeständige Platte legen. Käse und Schinken in Streifen schneiden, mischen und auf den Schnitzeln verteilen. Im vorgeheizten Backrohr (180 Grad bei Heißluft, sonst 220 Grad) etwa 5–8 Minuten überbacken. Mit Zitronenscheiben und Petersilie anrichten.

RHABARBERAUFLAUF

100 g Butter
100 g Zucker
4 Eigelb
80 g Mehl
70 g Dinkelmehl
8 g Backpulver

400 g Rhabarber in kleinen Würfeln
3 EL entsteinte Sauerkirschen
4 Eiklar, steif geschlagen
20 g Butter, flüssig
20 g Zucker
20 g Mandelstifte

Butter, Zucker und Eigelb zu einer Schaummasse rühren, Mehl, Dinkelmehl und Backpulver mischen und unterrühren. Die Hälfte des steif geschlagenen Eischnees, Rhabarberwürfel und Sauerkirschen untermengen. Den Rest des Eischnees locker unterziehen und die Masse in eine gefettete, gebröselte Auflaufform füllen. Die flüssige Butter mit Zucker und Mandelstiften mischen und über dem Auflauf verteilen. Bei 150 Grad Heißluft (sonst bei 200 Grad) im Rohr etwa 50–60 Minuten backen.

Mutterhaus der Barmherzigen Schwestern
vom hl. Vinzenz von Paul
D-89617 Untermarchtal
Baden-Württemberg

Die diözesane Ordensgemeinschaft der Barmherzigen Schwestern wurde im Jahr 1858 in der Stadt Schwäbisch Gmünd gegründet. Schwestern der Gemeinschaft vom hl. Vinzenz von Paul wurden damals aus Straßburg nach Schwäbisch Gmünd gerufen, um die dort herrschende Not in den Spitälern zu lindern. Als das Mutterhaus zu klein wurde, übersiedelte der Konvent 1891 nach Untermarchtal in ein ehemaliges Schloß der Freiherren von Speth, das der Kaufmann Josef Linder der Kongregation zur Verfügung stellte.

Im Laufe der vergangenen 100 Jahre übernahm die Gemeinschaft immer mehr Aufgaben im Dienst an Kindern, Jugendlichen, Alten und Kranken. Die Gemeinschaft ist Träger verschiedener sozialer Einrichtungen, in denen neben den Schwestern etwa 2500 freie Mitarbeiter beschäftigt sind.

Die Barmherzigen Schwestern führen auch das Bildungshaus St. Ignaz, das neben Exerzitien ein breitgefächertes Angebot an Kursen anbietet.

Bald nach dem Umzug nach Untermarchtal wurde die Haushaltungsschule St. Notburga gegründet, die bis 1979 bestand. Die Untermarchtaler Schwestern waren schon immer für ihre Kochkünste bekannt. Ein Kochbuch, das im Jahre 1937 unter dem Titel »Erprobte Kochrezepte – Kochschülerinnen geboten von den Barmherzigen Schwestern in Untermarchtal« gleich zweimal herausgegeben wurde, zeugt davon. Schwester Imelda stellte eines dieser Bücher zur Verfügung. Folgende Gerichte stammen daraus:

75. Maultaschensuppe.

Zutaten: Zum Teig: ½ Pfund Mehl, 2—3 Eier, einige Löffel Wasser, Salz. Zur Fülle: 1 Pfund Spinat (roh), 2—3 Brötchen, 2 Eier, Salz und Muskat, Petersilie, Zwiebel.

Von ersteren Zutaten wird ein weicher Nudelteig bereitet. Zur Fülle werden die Brötchen in Wasser eingeweicht, gut ausgedrückt, mit gedämpfter Zwiebel und Petersilie, dem abgekochten, durchgetriebenen Spinat, sowie den andern Zutaten untereinandergemengt. Anstatt Brötchen können auch einige Löffel Grieß oder Brösele zur Fülle verwendet werden. Die halbe Seite der ausgewellten Kuchen wird mit Fülle, der äußere Rand des Kuchens mit Eiweiß bestrichen. Dann wird die leere Hälfte herübergeschlagen und gut angedrückt. Mit dem Kochlöffelstiel werden nun die Maultaschen in der gewünschten Größe abgedrückt, zuerst der Länge, dann der Breite nach. Zuletzt werden die Maultaschen mit dem Rädchen abgerädelt, 10 Minuten in Salzwasser gekocht, dann in heller Fleischbrühe angerichtet. In Ermangelung von Fleischbrühe können sie mit Butter oder Fett abgeschmälzt werden.

313. Geschnätzeltes (ein Schwabengericht).

Zutaten: 3 Pfund Kalbfleisch vom Schlegel, 100 g Butter, Zwiebel, 6 geschälte und 1 in Scheiben geschnittene Tomate, 1 gelbe Rübe, Salz, Paprika, 1 Tasse saurer Rahm, ⅛ l Weißwein, etwas Citronensaft und 4 gehäufte Eßlöffel Mehl.

Das Fleisch wird in dünne Scheiben geschnitten, diese wieder in Streifen wie Kutteln. Die fein geschnittene Zwiebel wird mit der Butter etwas angedämpft, dann das Fleisch mit den Tomatenscheiben zugegeben, angebraten, mit Mehl gestaubt, mit Fleischbrühe oder Wasser aufgefüllt und ½ Stunde gedämpft, währenddessen öfters umgerührt werden muß. Zuletzt werden Wein und Rahm zugegeben und alles nocheinmal aufgekocht, dann mit Maggi abgeschmeckt und angerichtet und zu einem Kartoffelgericht serviert.

367. Schweinefleisch auf Schwarzwaldart.

Ein beliebiges Stück Schweinefleisch wird mit Essig besprizt, mit Wachholderbeeren, feingewiegtem Suppengrün, Zwiebeln und Pfeffer fest eingerieben, einige Stunden liegen gelassen und dann in Salzwasser weichgekocht. Währenddessen macht man eine braune Einbrenne, gibt 3—4 Eßlöffel geriebenes Schwarzbrot daran, füllt mit dem Absud auf, gibt einige Löffel Rotwein, 1 Lorbeerblatt und etwas Pfeffer dazu, passiert das Ganze durch ein Sieb und läßt das Fleisch noch einigemal in der Soße aufkochen.

St.-Franziskus-Schwestern
Vierzehnheiligen
D-96231 Staffelstein
Bayern

Die Gemeinschaft der St.-Franziskus-Schwestern wurde 1890 von Pater Dr. Natili in München-Perlach gegründet. Er wollte dem Elend der kranken Menschen, die um die Jahrhundertwende ohne jede soziale Absicherung der Not preisgegeben waren, entgegenwirken. Die anfangs kleine Gemeinschaft von ideal gesinnten Frauen vergrößerte sich rasch und so wurden in ganz Bayern Niederlassungen gegründet.

1913 erwarben die Schwestern den Gutshof »Frankenthal« im oberfränkischen Vierzehnheiligen. An diesen Wallfahrtsort, einen der größten und bekanntesten Bayerns, wurde 1925 der Sitz der Diözesan-Kongregation verlegt.

Die Gemeinschaft lebt nach dem Vorbild des heiligen Franziskus und ist in den verschiedensten sozial-caritativen und pastoralen Bereichen tätig. Seit 1934 gehört die Missionstätigkeit in Peru zum Aufgabenfeld der Schwestern, die heute auch in den neuen Bundesländern im Einsatz sind.

Schwester Claudia beschreibt typisch fränkische Gerichte aus der Klosterküche:

Schweinebraten mit Grünen Klößen und »Blaue Zipfel«:

FRÄNKISCHER SCHWEINEBRATEN

750 g Schweinefleisch (Hals, Schlegel)
Salz, Pfeffer, Kümmel, Knoblauch
2 Zwiebeln, nach Belieben grob oder fein geschnitten

etwas Wurzelwerk, grob geschnitten
¹/₂ l Flüssigkeit
etwas Bier zum Bestreichen

Fleisch mit den Gewürzen einreiben, mit Wurzelwerk und Zwiebeln in eine Reine oder in einen Bräter legen und in den vorgeheizten Ofen schieben. Wenn das Fleisch etwas Farbe bekommen hat, mit Flüssigkeit übergießen und bei 200 Grad 1¹/₂ bis 2 Stunden braten. Schwartenbraten zuerst auf die Schwarte legen, nach ca. 1 Stunde umdrehen und die Schwarte rautenförmig einschneiden.

15 Minuten vor Ende der Garzeit mit Bier bestreichen. Den garen Braten aus der Soße nehmen und etwas ruhen lassen. Soße nach Bedarf entfetten, Wurzelwerk pürieren und die Soße abschmecken. Fleisch in Scheiben schneiden, auf einer vorgewärmten Platte anrichten und mit heißer Soße übergießen.

FRÄNKISCHE GRÜNE KLÖßE

1 kg rohe geriebene Kartoffeln
1 Kloßweiß
¹/₄ l heiße Milch

Salz
250 g gekochte durchgepreßte Kartoffeln
Semmelwürfel, in Butter geröstet

Rohe geriebene Kartoffeln mit dem Kloßweiß mischen, alles in einen Leinensack geben und fest auspressen. Milch, Salz und gekochte durchgepreßte Kartoffeln zufügen

und alles zu einem geschmeidigen Teig verkneten. Klöße formen, mit gerösteten Semmelwürfeln füllen und in kochendes Salzwasser geben. Etwa 10 Minuten garen.

BLAUE ZIPFEL

12 fränkische Bratwürstchen

Sud:
¹/₂ l Wasser
¹/₄ l Weinessig
¹/₄ l Weißwein
3 Zwiebeln, in feine Ringe geschnitten
1 Lorbeerblatt

3 Nelken
Pfefferkörner
4 Wacholderbeeren
etwas gekörnte Fleischbrühe oder Fondor
1 Prise Zucker

Für den Sud alle angegebenen Zutaten 10–15 Minuten kochen. Vom Feuer nehmen und die Bratwürstchen 10 Minuten darin ziehen lassen.

Blaue Zipfel in einer Terrine im Sud anrichten und Bauernbrot, eventuell auch Sauerkraut und Senf dazu reichen.

Benediktinerabtei Weltenburg
Asamstraße 32
D-93309 Kelheim
Bayern

ABTEI WELTENBURG

Die Benediktinerabtei am romantischen Donaudurchbruch nahe Kelheim wurde von Columbaner-Mönchen aus dem lothringischen Kloster Luxeuil um 600 als Ausgangspunkt für die Missionierung Bayerns gegründet. Das älteste Kloster rechts des Rheins liegt am Nordhang des schon in vorgeschichtlichen Zeiten besiedelten Arzberges (Frauenberg), auf dem sich ein Keltenheiligtum und später ein römisches Kleinkastell befunden haben. So geht die Frauenbergkapelle, die der hl. Rupert eingeweiht hat, auf einen römischen Minervatempel zurück. Das Marienheiligtum, eines der ältesten in Bayern, wurde 1442 erstmals urkundlich erwähnt und ist auch heute ein vielbesuchter Wallfahrtsort.

Die barocke Klosteranlage wurde 1716–1739, die Kirche bis 1751 errichtet. Die bewundernswerte Barockkirche ist ein Werk der Künstlerbrüder Cosmas Damian Asam und Ägid Quirin Asam. Sie zeigt im Dreischritt: Reinigung – Erleuchtung – Vereinigung den Weg des Christen zum Himmel.

Heute sind die Benediktiner in der Seelsorge und in der Erwachsenenbildung tätig. In der ehemaligen Landwirtschaftsschule wurde die »Begegnungsstätte St. Georg« eingerichtet, die Raum für Tagungen, Kurse, Exerzitien und Übernachtungsmöglichkeiten bietet. Hier entstand auch die »Weltenburger Akademie« und deren Tochtergründung, die »HeimVolksHochSchule HVHS«, mit vielseitigen Angeboten für Bildung, Kultur und Freizeit.

Für leibliche Genüsse sorgt die älteste Klosterbrauerei der Welt mit dem berühmten Weltenburger Bier, die Vinothek im Klostergut Buchhof und die Klosterschenke Weltenburg. Mitbringsel und Bücher führt der Klosterladen.

Das Rezept für Grießschnitten stammt aus der Klosterküche, das »Weltenburger Stierl« wird in der Klosterschenke von der Pächterfamilie Röhrl serviert.

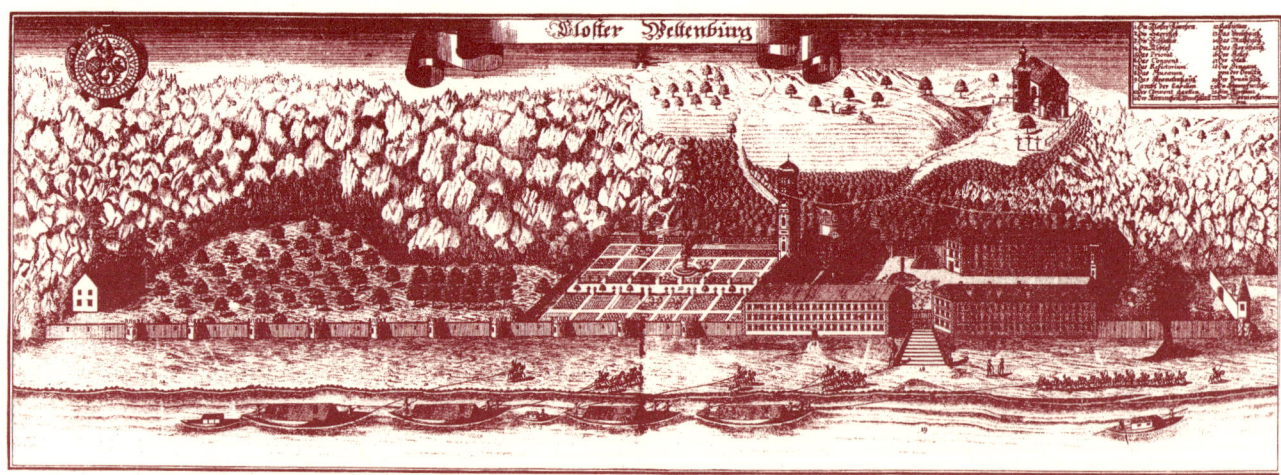

GRIESSSCHNITTEN

1 l Milch
3 EL Zucker
250 g Grieß

3 Eier
Fett zum Ausbacken

Milch zum Kochen bringen, Grieß unter Rühren einlaufen lassen, Zucker zugeben und weiter kochen, bis ein dicker Brei entsteht. Topf von der Kochstelle nehmen, Eier verquirlen und unter den Grießbrei ziehen. Eine Kastenform kalt ausspülen, den Brei einfüllen und erkalten lassen. Die erstarrte Grießmasse stürzen, in Scheiben schneiden und in heißem Fett hell ausbacken.
Dazu wird Apfel- oder Pflaumenmus gereicht.

»WELTENBURGER STIERL«

Gut abgehangene Mastochsenbrust (für 4 Personen ca. 800 g) in einem Wurzelsud mit 2 Karotten, ½ Knolle Sellerie, Lauch, Petersilienstengeln und einer Zwiebel, gewürzt mit Meersalz, Pfeffer, etwas Muskatnuß und Kreuzkümmel, Lorbeerblatt und zerdrückten Wacholderbeeren ca. 1 ½ Stunden leicht köcheln lassen. Das Fleisch ist gar, wenn sich die Gabel nach dem Anstechen leicht vom Fleisch löst. Dazu im gleichen Sud eine gepökelte Rinderzunge erhitzen.
Als Beilage eignen sich frisches Wirsinggemüse, leicht mit Crème fraîche gebunden, blanchierte Karotten, rote Bete und in heißer Butter mit Sesam geschwenkte Dampfkartoffeln.
Zum Anrichten auf einen heißen Teller einen kleinen Schöpfer Wirsinggemüse geben, darauf eine ca. 1 cm dicke Scheibe Ochsenbrust und eine Scheibe Rinderzunge legen, darum herum die Karotten, roten Bete und die Sesamkartoffeln dekorativ arrangieren. Etwas Brühe angießen, über das Fleisch und die Zunge je nach Geschmack frisch geraspelten Meerrettich geben, dazu grob gehackte Blattpetersilie, etwas Meersalz und schwarzen Pfeffer aus der Mühle.

Prämonstratenserabtei
Windberg
D-94336 Hunderdorf
Bayern

Bischof Hartwig I. von Regensburg weihte 1125 eine Kapelle am Sterbeort des Einsiedlers Wilhelm in Windberg. Graf Albert I. von Bogen und seine Frau Hedwig gründeten dort ein Prämonstratenserkloster auf Anregung von Bischof Otto I. von Bamberg, dem hl. Norbert von Xanten, Bischof Hartwig von Regensburg und dessen Nachfolger Kuno (zuvor Abt des Reformklosters Siegburg). Bischof Otto erwarb Güter und stattete das junge Kloster damit aus. Im Mai 1142 wurden die Altäre der Klosterkirche geweiht. Bereits unter dem ersten Abt, Gebhard, der das Kloster 50 Jahre lang leitete, entwickelte sich reges religiöses und wissenschaftliches Leben.

Die Klosteranlage Windberg ist (bis auf Ost- und Südflügel des Konvents aus dem 18. Jh.) von spätmittelalterlichen Einzelgebäuden geprägt, die winkelig zueinander stehen. Die Abteikirche, mit der Errichtung des Turmes um 1250 vollendet, zählt zu den besterhaltenen romanischen Klosterkirchen Bayerns. In der Mitte des 18. Jh. wurde sie im Barock- und Rokokostil neu ausgestattet.

Nach der Säkularisation standen die Klostergebäude 120 Jahre leer, bis die holländische Prämonstratenserabtei Berne sie erwarb. Heute betreuen die Prämonstratenser mehrere Pfarreien. Zu ihren Aufgabenbereichen gehört auch wissenschaftliches Arbeiten und Religionsunterricht. Windberg ist heute mit seinem Jugendhaus und seiner Jugendbildungsstätte im südostbayerischen Raum und in der Diözese Regensburg ein Schwerpunkt für katholische Jugendbildung.

Pater Wolfgang entdeckte in der Klosterbibliothek ein altes Kochbuch aus dem Jahre 1869, das »Lindauer Kochbuch« von Christine Charlotte Riedl. Daraus stammen die folgenden Rezepte:

680. Lebervögel.

Aus der abgehäuteten und von den Adern befreiten Kalbsleber werden halbhandgroße, fingerdicke Stückchen geschnitten, solche mit Salz, Pfeffer und gestoßenen Nelken bestreut, und jedes mit einem Blättchen Salbei und einem Stückchen Speck eingebunden. Nun werden, je nachdem die Bratkachel oder das Kastrol groß ist, vier bis fünf zusammen je an ein hölzernes Spießchen gesteckt, doch nicht zu nahe aneinander, die Spießchen in das Kastrol gelegt, die Lebervögel im Bratofen oder auf dem Herd (in letzterem Fall muß man sie bedecken) mit einem Stückchen Butter und etwas Fleisch= brühe unter öfterem Begießen eine gute Viertelstunde gebraten, und inzwischen einmal umgewendet. Der Faden wird dann abge= nommen, die Lebervögel sammt den Salbeiblättchen angerichtet, mit Zitronensaft beträufelt, und sowohl als Beilage zu Gemüsen, wie auch als eigenes Gericht mit Linsen, Bohnen, Kartoffeln oder mit einer pikanten Sauce zu Tisch gegeben.

1621. Englische Törtchen.

Zwölf Loth abgezogene Mandeln werden mit Orangenblüten= wasser (s. Nr. 1943) besprizt, sehr fein gestoßen, und daran ein halb Pfund feiner, mit drei Eßlöffel Orangenblütenwasser ver= dünnter Zucker gerührt, hierunter dann der festgeschlagene Schnee von sechs Eiweiß gemengt, und zuletzt noch drei Eßlöffel Mehl nebst vier Loth zerlassener Butter unter fortwährendem Rühren damit vermischt. Nun werden mehr weite als tiefe, einer untern Kaffeetasse ähnliche Förmchen mit messerrückendick ausgewargeltem Blätter= oder süßem Butterteig (Nr. 1314, 1316) ausgelegt, und mit der beschriebenen Mandelmasse gefüllt, solche hernach auf ein Blech nebeneinandergereiht, und die Törtchen in abgekühltem Ofen gebacken, wo man sie dann herausnimmt, nach einigem Erkalten aus den Förmchen löst, und auf der Platte übereinanderstellt. (Siehe Abbildung.)

1626. Chocoladetörtchen auf feinere Art.

Zwölf Loth auf dem Reibeisen geriebene Chocolade, acht Loth feiner Zucker, sechs Loth sehr fein gewiegte Mandeln, ein Eßlöffel Vanillezucker (Nr. 1929) und sechs Eßlöffel Mehl wird zusammen vermischt, dann mit dem festen Schnee von acht Eiweiß behutsam untereinandergemengt, und diese Masse in mit Butter bestrichene zuckerbestreute Förmchen eingefüllt, mit Zucker bestreut, und in nicht zu heißem Ofen gebacken. Nach Herausnehmen stürzt man die Törtchen auf ein Sieb um, wendet sie dann wieder, so daß die zuvor obere Seite wieder oben ist, verziert sie mit Spritzglasur (Nr. 1934), und belegt sie mit eingemachten Kirschen in der Art, daß in die Mitte eine Kirsche, und nebenherum, als Blätter, ein= gemachte grüne Stachelbeeren oder in Zucker eingemachte verschnit= tene Bohnen kommen. (Siehe Abbildung.)

Augustinerkloster
Dominikanerplatz 2
97070 Würzburg
Bayern

»Das Augustinerkloster Würzburg wurde 1263 gegründet und zählt zu den ältesten Niederlassungen des Augustinerordens in Deutschland. Im 14. und 15. Jahrhundert erlebte es seine erste Blütezeit. Die Augustiner waren eifrige Seelsorger und wirkten als Prediger und Beichtväter in Stadt und Land. In den Zeiten der Glaubensspaltung (1517) und des Dreißigjährigen Krieges (1618–1648) hatte das Kloster um seinen Fortbestand zu ringen.

Mit der zweiten Hälfte des 17. Jahrhunderts begann eine neue Blüte, die sich äußerlich in der Barockisierung der gotischen Klosterkirche und in der Erweiterung der Klostergebäude kundtat (Augustinerstraße 24/26: heute Polizeidirektion). In der Säkularisation (1803) wurde das Augustinerkloster vom Staat nicht wie die meisten anderen Klöster der Stadt aufgehoben. Weil man das Gebäude aber für schulische Zwecke verwenden wollte, wurde die Klosterkirche St. Georg niedergerissen, die Klosterinsassen wurden zwangsweise ausquartiert, durften dann jedoch in einigen Räumen des ehemaligen Dominikanerklosters ihr Klosterleben weiterführen. Aus dieser kleinen Niederlassung am Dominikanerplatz entwickelte sich wieder ein stattliches Kloster, das seit dem Beginn des 20. Jahrhunderts auch Sitz des Provinzoberen der deutschen Augustiner ist.

Die Mitglieder des Klosters betätigen sich auf vielfältigen Gebieten der Seelsorge und der theologischen Wissenschaft: durch Gottesdienste und Predigten in der Klosterkirche und in der Stadt, durch Einzelseelsorge im Beichtstuhl und Gesprächsberatung, durch Gruppenarbeit mit Jugendlichen, durch Arbeit für die Afrikamission, durch Presseapostolat, durch Einsatz für die Belange der Ostkirchen, durch wissenschaftliche Tätigkeit in den Instituten für die Ostkirche und die Augustinusforschung sowie in der seelsorglichen Betreuung von Schwesterngemeinschaften und durch die Mitarbeit in der Erwachsenenbildung der Domschule.«

Pater Adalbert gibt hier nicht nur einen Überblick über Geschichte und Gegenwart der Augustiner in Würzburg, er gewährt auch Einblick in die Geheimnisse der Klosterküche:

KLOSTERSCHMAUS
(Zutaten für 1 Portion)

1 Portion Rotwurst
etwas Öl zum Braten
Sud:
1 Tasse Wasser
2 EL Weinessig
2 TL Zucker

etwas Salz
Pfeffer aus der Mühle
1 Zwiebel, in feine Ringe geschnitten
1 Karotte, in feine Scheiben geschnitten
1 EL Öl

Rotwurst in Scheiben schneiden (ca. 1/2 cm dick), in einer Pfanne in wenig Öl kurz anbraten, herausnehmen und auf eine vorgewärmte Platte legen.

In der Pfanne süß-sauren Essigsud herstellen: Wasser, Zucker, etwas Salz, Pfeffer aus der Mühle, Zwiebelringe, Karottenscheiben und Öl in der Pfanne aufkochen und ca. 10 Minuten ziehen oder köcheln lassen. Essigsud mit Zwiebelringen und Karottenscheiben über die angebratenen Wurstscheiben gießen. Dazu schmecken Bratkartoffeln.

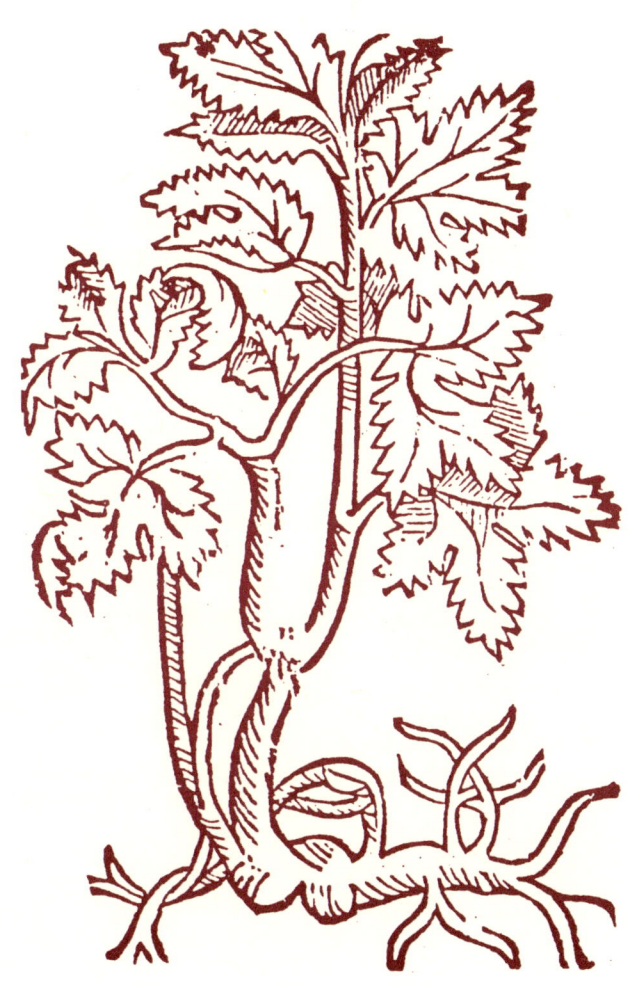

89

Benediktinerstift Admont
A-8911 Admont
Steiermark

Erzbischof Gebhard von Salzburg gründete 1074 die Benediktinerabtei, der Überlieferung nach auf den Besitzungen der heiligen Hemma von Gurk. Das Stift wurde im 12./13. Jh. zu einem der bedeutendsten in Österreich. Im 17. Jh. wurde die Stiftsanlage großzügig ausgebaut und die Kirche barockisiert. 1865 zerstörte ein verheerender Brand Kirche und Stiftsgebäude mit Ausnahme der Bibliothek. Die Kirche wurde als neugotische Basilika wieder aufgebaut, die vier Höfe der Klosteranlage zu einem zusammengefaßt, der als Park gestaltet wurde.

Der prunkvolle Bibliothekssaal, der sich mit 70 m Länge über zwei Geschosse erstreckt, beherbergt eine der größten Barockbibliotheken der Welt. Bartolomeo Altomonte schuf die Deckenfresken, der Stiftsbildhauer Josef Stammel den Skulpturenschmuck.

Die Benediktiner in Admont sind nicht nur in der Seelsorge in zahlreichen Pfarreien tätig, sie führen seit 350 Jahren ein Gymnasium und sind mit ihren wirtschaftlichen Betrieben ein wichtiger Arbeitgeber der Region. Stiftskirche, Bibliothek, Museum und der neugestaltete Stiftskeller ziehen zahlreiche Besucher an.

Der Stiftsarchivar, Mag. Dr. Johann Tomaschek, entdeckte in dem Band »Culinarische Notizen 1708–1770« Aufzeichnungen eines »Apostelessens« im Jahre 1713, das nach der offenbar erstmals durchgeführten Fußwaschung am Gründonnerstag im Stift für 13 (!) arme Männer stattgefunden hatte. Er stellt hier einen Abdruck des Originals und seine »Übersetzung« zur Verfügung. Der besseren Lesbarkeit halber wurde der Text nicht buchstabengetreu übertragen, sondern bezüglich Rechtschreibung und Zeichensetzung etwas »modernisiert«:

»Anno 1713 haben Ihro Hochwürden und Gnaden Herr Abt Anselmus angefangen, 13 armen Männern in der Kirchen nach vollendter Abkleidung der Altäre die Füße zu waschen. Welche hernach in den Saal bei Hof traktiert worden folgendermaßen:

Nach der Zahl der armen Personen wurden auch 13 Speisen auf 3 mal aufgesetzet. Selbige trugen die Bedienten von der Kuchl bis vor die Tür des Saals und setzten es auf einen Tisch, der alldort dazu bereitet war. Allwo ihre Hochwürden und Gnaden und die R. R. Patres Officiales, so alle mit Aufwarttüchern umgürtet, die Speisen abgeholet, auf die Tafel getragen, geteilet und denen Armen vorgeleget haben.

Was über verblieben, wurde in 13 gleiche Teil abgeteilet und denen Armen mit nacher Haus gegeben.

Aus gnädigem Befehl wurden nur gemeiner Speisen aufgesetzet. Nämlich die Brezensuppe,

Stockfisch in der Milch,
Kraut,
Hering,
Hausen Pasteten,
Nudelkoch,
Bachfisch,
Guglhupf,
Pfeffer,
Zwetschken Torte,
Reis,
Triet,
Krapfen.

Die dazumalen anwesenden Gäst und weltliche Bediente haben auch aufgewartet.

Anno 1715 ist alles portionsweise aufgetragen worden.«

Benediktinerstift Altenburg
A-3591 Altenburg
Niederösterreich

Im Jahre 1144 gründete Hildburg, die Witwe des Grafen von Poigen, eine Klosterzelle auf ihrem Besitz Altenburg. Das Benediktinerkloster wurde im Mittelalter mehrmals zerstört und wieder aufgebaut. Im 17./18. Jahrhundert erlebte das Stift eine neue Blütezeit. Auf dem Ruinenfeld des zerstörten Klosters wurde mit dem Bau einer barocken Klosteranlage begonnen. Abt Placidus Munch ließ als wahrer Barockbauherr die Kirche umbauen und vollendete die Anlage durch die Bibliothek, den Kaiser- und Marmortrakt. Der Baumeister Josef Munggenast und der Maler Paul Troger vereinten Frömmigkeit und Repräsentationsfreude in ihren Werken. Nach der Zweckentfremdung im Zweiten Weltkrieg wurde das Kloster revitalisiert. Die Mönche leben in erster Linie von der Land- und Forstwirtschaft, betreuen mehrere Pfarreien und sind wissenschaftlich und kulturell tätig. Die Abtei bietet den Gästen Klosterführungen, Dauerausstellungen, Theateraufführungen und Musikkonzerte (Sängerknaben) an. Die Benediktiner führen auch ein Gästehaus für Exerzitien oder besinnliche Aufenthalte.

Schwester Magdalena betreut die Küche und kocht gerne mit Dinkel und Dinkelreis, dem entspelzten und geschliffenen Dinkelkorn.

GEFÜLLTE DINKELSCHNITZERL

1 Tasse Dinkelreis
2 Tassen Wasser
Salz
2 Dotter
2 EL Dinkelmehl
1 Zwiebel, fein gehackt

1 große Knoblauchzehe, gehackt
1–2 EL Petersilie, gehackt
Muskat
50 g Fett
8 Scheiben Käse (60% Fett)
Pfefferminz- oder Salbeiblätter

Dinkelreis in Salzwasser weichdünsten, abseihen und mit Dotter, Dinkelmehl, Zwiebel, Knoblauch, Muskat und Petersilie gut vermengen. Aus der Masse 8 flache Schnitzerl formen und in heißem Fett auf einer Seite goldgelb backen. Die Hälfte der Schnitzerl mit je 2 Scheiben Käse belegen, nach Belieben Pfefferminz- oder Salbeiblätter dazwischenlegen. Ein zweites Schnitzerl mit der braunen Seite nach oben darauflegen und noch etwas braten, bis der Käse schmilzt.

DINKELRISOTTO MIT WILDHENDL UND PAPRIKASOßE

200 g Dinkelreis
400 g Gemüsefond
$1/2$ Wildhendl
30 g Butter
Salz, Pfeffer
300 g gemisches Gemüse (Zwiebeln,
grüne Bohnen, Karotten, Kürbis)
100 g Pilze, in Scheiben geschnitten
2 EL gehackte Kräuter
50 g Bergkäse, gerieben

Paprikasoße:
200 g bunte Paprikaschoten in Würfeln
1 EL Butter
1 Knoblauchzehe, gehackt
1–2 TL Paprikapulver
$1/8$ l Gemüsefond
$1/8$ l Obers oder Sauerrahm
1 TL Obstessig
1 Prise Zucker, Salz
1 EL Dinkelmehl

Dinkelreis in Gemüsefond zugedeckt weichdünsten. Wildhendl auslösen, Haut abziehen und das Fleisch in 1 cm dicke Scheiben schneiden. In der heißen Butter braten, Pilze mitbraten, würzen. Das Gemüse kleinschneiden und mit etwas Wasser bißfest dünsten. Gemüse und Dinkelreis auf einem Sieb abtropfen lassen, dann mit den Wildhendlstücken mischen und mit Salz, Pfeffer und Kräutern würzen. Mit dem geriebenen Käse bestreuen und mit Paprikasoße servieren.

Für die Soße Paprikawürfel in der heißen Butter andünsten, Knoblauch und Paprikapulver zugeben, Gemüsefond aufgießen, etwa 10 Minuten köcheln lassen. Obers oder Sauerrahm mit Dinkelmehl verrühren und die Soße damit binden. Mit Essig, Zucker, Salz pikant abschmecken.

Prämonstratenser-Chorherrenstift Geras
A-2093 Geras
Niederösterreich/Waldviertel

Ulrich II. von Pernegg siedelte 1153 Prämonstratenser-Chorherren in Geras und Chorfrauen in Pernegg an. Das Grenzlandkloster hatte im Laufe der Zeit viele Gefährdungen und Rückschläge zu überstehen. Nach dem Brand von 1730 wurde die Kirche barockisiert. Josef Munggenast errichtete 1736–1740 den Mitteltrakt des Stiftsgebäudes mit dem Hauptportal und das »Neugebäude«. Den Marmorsaal über der Torhalle schmückt ein Fresko von Paul Troger. Heute bildet dieser Saal mit seiner ausgezeichneten Akustik einen würdevollen Rahmen für Konzerte und Musikkurse. Das Neugebäude beherbergt heute verschiedene Kursräume und Gästezimmer.

Das Kunst- und Bildungszentrum Stift Geras bietet jedes Jahr etwa 160 Kurse verschiedenster Art an und ist damit Wegbereiter für eine neue, vielbeachtete Freizeitidee. Eine der Unterkunftsmöglichkeiten ist der alte Schüttkasten (ehemaliger Getreidespeicher, 1670), der als Hotel mit modernen Einrichtungen ausgestattet wurde. Der Schüttkasten ist auch Drehscheibe für vielfältige Fremdenverkehrsaktivitäten. Zum Angebot des Stiftes gehören auch Fastenkurse im Seminar- und Fastenzentrum Pernegg und ein klösterlicher Kräutergarten, in dem die alte Tradition des Arzneigartens gepflegt und eine Begegnung mit dem Kräuterpfarrer möglich wird.

Die angeführten Speisen werden im Hotel und Stiftsrestaurant »Alter Schüttkasten« zubereitet:

REHRAGOUT »FÖRSTER ART«

900 g ausgelöste Rehschulter
Salz
50 g Fett
50 g Karotten
50 g Zwiebeln
70 g Sellerie
0,3 l Rotwein
50 g Preiselbeeren
3 Knoblauchzehen
Thymian

Pfefferkörner
Rosmarin
1/2 l Rindssuppe oder brauner Wildfond
1/8 l Orangensaft
1 Becher Rahm
1 TL Kartoffelstärke
150 g Speck
300 g Champignons
50 g Butter
gehackte Petersilie

Fleisch in Würfel schneiden, salzen und etwa 10 Minuten in heißem Fett rösten. In der Zwischenzeit das Wurzelgemüse in zentimetergroße Würfel schneiden. Das Gemüse mit dem Fleisch weitere 10 Minuten rösten. Mit der Hälfte des Rotweins ablöschen. Preiselbeeren, Knoblauch und Gewürze zugeben, mit Rindssuppe oder Fond aufgießen und das Ragout zugedeckt weichdünsten. Fleisch herausheben, Sauce passieren und mit Rahm und Kartoffelstärke binden. Speck und Champignons klein schneiden und mit der gehackten Petersilie in Butter anrösten. Das Ragout anrichten und mit Champignons und Speck bestreuen.

BLUNZ'N GRÖST'L

150 g Blutwurst
100 g gekochte Erdäpfel
Salz, Pfeffer

50 g Zwiebel
Fett

Erdäpfel und Blutwurst in Scheiben, Zwiebel in Streifen schneiden. Erdäpfel in Fett knusprig anbraten, mit den Zwiebelstreifen 2 Minuten weiterrösten, dann Blutwurst zufügen und weitere 2 Minuten rösten, dabei häufig wenden. Mit Sauerkraut servieren.

GERASER PRÄLATENTORTE

1 Ei
7 Dotter
7 Eiklar
140 g Zucker
Vanillezucker
geriebene Zitronenschale

140 g geriebene Nüsse
30 g geriebene Schokolade
40 g Brösel
Pariser Creme:
200 g Schokolade
400 ml Sahne

Dotter mit dem ganzen Ei schaumig schlagen. Zucker, Vanillezucker und geriebene Zitronenschale nach und nach zugeben und weiterschlagen, bis eine sehr schöne Schaummasse entsteht. Eiklar zu Schnee schlagen. Dottermasse, geriebene Nüsse, Schokolade und Brösel unter den Eischnee heben. In einer gefetteten Form ca. 55 Minuten bei 180 Grad backen. Auskühlen lassen und mit Pariser Creme einstreichen und garnieren.
Für die Creme Schokolade mit Sahne unter Rühren erhitzen, dann gut auskühlen lassen und kalt stellen. Die gut durchgekühlte Masse flaumig aufschlagen und die Oberfläche der Torte damit dick bestreichen und verzieren.

Benediktinerstift Göttweig
A-3511 Furth bei Göttweig
Niederösterreich

Imposant überragt die barocke Klosteranlage auf einem Berg am Ende der Wachau das Donautal. Bischof Altmann aus Passau gründete 1083 ein Augustiner-Chorherrenstift, das 1094 in eine Benediktinerabtei umgewandelt wurde.

Nach dem verheerenden Brand im Jahre 1718 wurde der Großteil der monumentalen Klosteranlage nach Plänen des Barockarchitekten Johann Lukas von Hildebrandt erbaut. Die grundlegende Idee des Palastklosters, die nicht vollständig verwirklicht werden konnte, kommt in prachtvollen Gebäudeteilen zum Ausdruck, so in der Kaiserstiege mit dem Deckenfresko von Paul Troger und im Kaisertrakt.

Die Architektur der Klosteranlage folgt dem benediktinischen Motto »Ora et labora« (Bete und arbeite) indem die Stiftskirche und die wichtigsten Räume in der Achse des Sonnenlaufes von Osten nach Westen angelegt sind.

Die Tätigkeitsbereiche der Göttweiger Benediktiner sind schon immer Seelsorge, Kultur, Wirtschaft und Gesellschaft. Konzerte, Ausstellungen, Kulturveranstaltungen, Kirchenmusik (Sängerknaben) und Stiftsführungen ziehen heute die Besucher auf das »Österreichische Montecassino«.

Ein weiterer Anziehungspunkt ist das Stiftsrestaurant, dessen Aussichtsterrasse einen einmaligen Blick auf die Wachau und das Donautal bietet. Die Weine des Stiftes, die an der Pforte und im Klosterladen erhältlich sind, können auch in der Kellerei verkostet werden.

Der Chefkoch des Stiftsrestaurants, Alois Wurzenberger, gewährt mit folgenden Rezepten Einblick in seine Kochkunst:

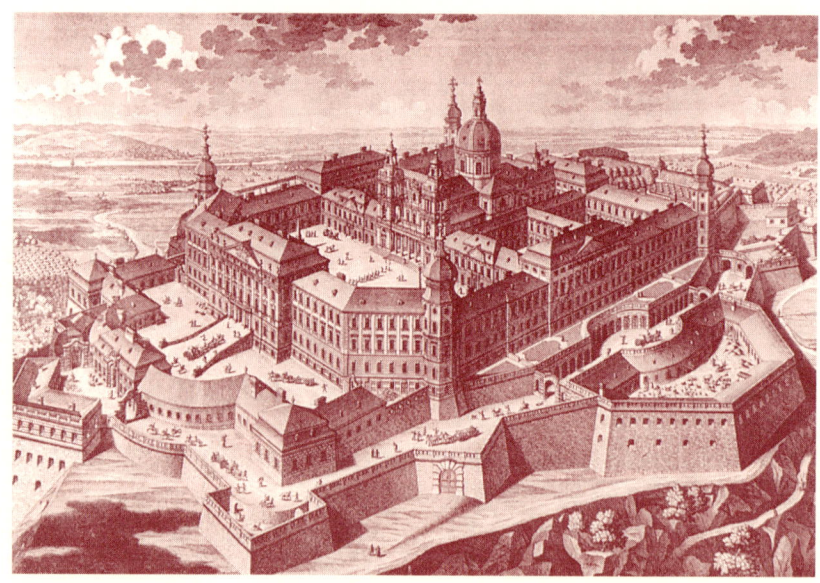

SCHNITTLAUCHCREMESUPPE MIT GERÖSTETEN WEISSBROTCROUTONS

1 kleine Zwiebel
6 dag Butter
6 dag Mehl
½ l klare Rindssuppe
½ l Milch

4 cl Schlagobers
Salz, weißer Pfeffer, Muskatnuß
3 dag Schnittlauch
2 Scheiben Toastbrot, in Würfel geschnitten
und in etwas Butter leicht geröstet

Zwiebel fein würfelig schneiden und in Butter goldgelb rösten. Mehl kurz mitrösten, dann Rindssuppe und Milch unter Rühren aufgießen und aufkochen lassen. Die Suppe mit Salz, Pfeffer und Muskatnuß würzen und mit Schlagobers verfeinern. Vor dem Servieren den fein geschnittenen Schnittlauch unterrühren, nicht mehr kochen. Weißbrotcroutons extra dazu reichen oder vor dem Servieren auf die Suppe geben.

HENDLFILET GEFÜLLT MIT BLATTSPINAT

4 Hühnerbrustfilets (à 18 dag)
15 dag Blattspinat, blanchiert
4 dag Zwiebeln, in Würfel geschnitten
4 dag geräucherter Bauchspeck, gewürfelt

5 dag Margarine oder Butter
Salz, Pfeffer, Knoblauch, Muskat
Öl zum Anbraten

Zwiebel- und Bauchspeckwürfel in heißem Fett goldgelb rösten, blanchierten Blattspinat dazugeben, alles gut durchschwenken und mit Salz, Pfeffer, Knoblauch und Muskat würzen, überkühlen lassen.
Hühnerbrustfilets aufschneiden und vorsichtig dünn aus- klopfen. Mit Salz und Pfeffer würzen, mit der Spinat- masse füllen, zustecken und in heißem Öl rasch anbra- ten. Danach im Rohr bei 180 Grad ca. 10 Minuten fer- tigbraten.

GÖTTWEIGER MARILLENNOCKERL

10 halbe Kompottmarillen
2 cl Marillenbrand
1 kleinen Biskuitboden
5 dag flüssige Schokolade
6 Eiklar

5 dag Kristallzucker
3 Dotter
2 dag Mehl
1 Prise Vanillezucker
Staubzucker zum Bestreuen

Eine feuerfeste tiefe Platte mit dem Biskuitboden ausle- gen. Die Kompottmarillen darauflegen, mit Marillen- brand beträufeln und mit der flüssigen Schokolade über- ziehen.
Aus Eiklar festen Schnee schlagen, Zucker und Vanille- zucker einrieseln lassen und weiter schlagen. Mehl und die glattgerührten Dotter unter den Schnee ziehen. Den Teig in Form von drei Nockerln auf die belegte Biskuit- platte geben und bei 180 Grad ca. 10 Minuten backen. Vor dem Servieren mit Staubzucker bestreuen.

Franziskanerkloster

Franziskanerplatz 14
A-8010 Graz
Steiermark

Das Franziskanerkloster in Graz ist das älteste bis heute erhaltene Kloster dieses Ordens in Österreich. Die erste Niederlassung der Franziskaner in Graz wird für 1222 bis 1226 angenommen. 1241 fand das erste Kapitel statt. 1515 übernahmen die Franziskaner das Kloster an der Murbrücke vom Minoritenorden.

Die Kirche wurde als gotische Hallenkirche erbaut, der markante Westturm wurde 1636–1643 errichtet. Sehenswert ist auch der gotische Kreuzgang mit schönen Grabdenkmälern. Die Franziskanerkirche ist heute noch die Grazer Beicht- und Betkirche.

Im Kloster wird zu Mittag und zum Abendessen immer noch eine Glocke geläutet, die die Brüder nach dem Gebet zum Essen ruft. Der langjährige Koch, Bruder Didakus, betreut auch die Bibliothek. Seinem archivarischen Spürsinn und seinem kulinarischen Interesse sind folgende Funde zu danken, die hier im originalen Wortlaut abgedruckt sind. Die Rechtschreibung von 1677 mag verwundern, zumal die gleichen Wörter oft in der Überschrift anders als im Text geschrieben wurden:

Archiv Nr. A 14/146-3c, gedruckt 1677

»Schau Platz Der Algemeinen Hauß Haltung undt Gartenbau«
Koch – Buch (S. 7)
»Ein Huhn mit Saurampffer zu kochen

Wenn das Huhn fast gar ist / thue hinzu wohlgewaschenen Sauerampfer / etwas ganze Muscaten – Blumen und ganzen Pfeffer / wie auch eine frische / oder in Mangel derer eine gesalzene in Scheiben geschnittene Limonie oder Citrone / laßt es denn zusamen / wenn ihr etwas Butter und Wein – Essig hinzu gethan / vollends gar kochen / wann ihr wolt / könnet ihr einige Saustesen / oder auch wohl Klöser dabey thun.«

„Von Allerhand Tarten zu machen.« (S. 29–31)

Tarten – Teig zu machen.

»Nemme Weizen – Mehl / Butter / Rosen – Wasser / Zucker und einige Eyer / jedes nach proportion, und bereitet es zum Teige«

»Eine Apffel-Tarte auf Italinsche Manier zu machen

Nemme geschelte von den Kernhäußern gereinigte Aepffel / koche sie in Rheinischen Wein ganz gar / thut dabey Butter / Ingber / Zucker / Corinthen und Caneel / rührt darunter zwey Eyer – Dotter / macht darauß mit eurem Teige eine Tarte / und bringt sie zum Ofen / biß sie gar ist.«

Barmherzige Schwestern vom heiligen Kreuz in Klagenfurt

Sanatorium »Mariahilf«
Radetzkystraße 35
A-9020 Klagenfurt/Kärnten

Das Sanatorium »Mariahilf« ist eine Niederlassung der Barmherzigen Schwestern vom heiligen Kreuz, deren Ursprung in der Schweiz liegt. Der Schweizer Kapuziner Theodosius Florentini gründete die Gemeinschaft 1852, denn er sah in den Bedürfnissen der Zeit einen Anruf Gottes. So sind die Kreuzschwestern in vielen Ländern pflegerisch, erzieherisch, sozial und pastoral tätig.

Die Köchinnen im Sanatorium, Schwester Sonja und Schwester Lamberta, stellen Rezepte vor, die gut nachzukochen sind:

KÄRNTNER KASNUDELN

Nudelteig:
250 g glattes Weizenmehl
1 Ei
1 TL Salz
6–8 EL Wasser

Fülle:
500 g mehlige Erdäpfel
500 g Topfen
1 TL Salz
je ½ TL Minze, Kerbelkraut, Schnittlauch,
nach Geschmack etwas Porree, fein gehackt

Für den Nudelteig die angegebenen Zutaten in einer Schüssel mischen, den Teig auf der Arbeitsfläche dann so lange kneten, bis er glatt und weich ist. Er läßt sich leichter verarbeiten, wenn man ihn einige Stunden zugedeckt rasten läßt.

Erdäpfel mit der Schale kochen, heiß schälen, durchpressen und noch heiß mit den restlichen Zutaten vermengen. Aus dieser Masse Kugerl formen.

Nudelteig messerrückendick ausrollen, auf eine Hälfte des Teiges in regelmäßigen Abständen die Füllekugerl setzen, die restliche Teigplatte darüberschlagen, so daß die Kugerl völlig bedeckt sind und rundherum jeweis ein ca. 1 cm breiter Teigrand bleibt. Die Teigränder gut aufeinanderdrücken und die Nudeln ausradeln. Die Ränder wellenartig abdichten (krendeln).

Nudeln in Salzwasser je nach Größe 10–15 Minuten kochen, dann abtropfen lassen und mit heißem Butterschmalz begießen und mit Blattsalat servieren.

PIKANTER HIRSEAUFLAUF

20 dag Hirse
10 dag Butter
1 Zwiebel, fein gewürfelt
2 Karotten, geraspelt
1 kleinen oder halben Sellerie, geraspelt

½ l Gemüsebrühe
6 Dotter, 6 Eiklar
10 dag geriebenen Gouda
Petersilie, Basilikum
Salz, Pfeffer

Zwiebelwürfel in der heißen Butter glasig dünsten, das geraspelte Gemüse kurz mitdünsten, dann die gewaschene Hirse unterrühren, mit der Gemüsebrühe aufgießen und alles zugedeckt etwa 20 Minuten köcheln lassen.

Hirsemasse auskühlen lassen, dann Dotter, Käse und Kräuter untermengen und mit Salz und Pfeffer abschmecken. Eiklar zu steifem Schnee schlagen und unterziehen. Auflauf in eine gefettete Form füllen und bei 150 Grad 45 Minuten backen.

Augustiner-Chorherrenstift
A-3400 Klosterneuburg
Niederösterreich

Der Babenberger-Markgraf Leopold III. verlegte 1113 seine Residenz an diesen Platz an der Donau, an die Stelle eines ehemaligen Römerkastells und gründete im Jahr darauf ein Stift für weltliche Kanoniker, das er mit reichen Schenkungen ausstattete. 1133 wurde das Stift in ein Kloster von Augustiner-Chorherren umgewandelt.

Die Heiligsprechung des Stifters 1485 machte sein Grab zum vielbesuchten Wallfahrtsziel. Durch die Ernennung Leopolds zum Landespatron wurde Klosterneuburg zum Nationalheiligtum. Seit 1616 bewahrt es die Landeskrone, den »Österreichischen Erzherzogshut«.

Nach dem Niedergang des Stiftes während der Reformationszeit folgte im 17. Jahrhundert ein neuer Aufschwung. Zur Zeit der barocken Baulust plante Kaiser Karl VI. eine gigantische Klosteranlage (Baubeginn 1730), die jedoch durch seinen Tod nicht vollendet wurde.

Im 19. Jahrhundert beschritt das Stift neue Wege in der Seelsorge, Wissenschaft und Wirtschaft. Nach dem Zweiten Weltkrieg wurde es wiederbelebt. Heute hat es durch seine ökonomischen Unternehmungen, vor allem durch den Weinbau (Österreichs größter Weinproduzent), eine gute wirtschaftliche Grundlage. Zum Angebot des Stiftes gehören neben Museum, Stiftsführungen, Kunsthandwerk und Buchhandlung auch verschiedene gastronomische Betriebe und eine Vinothek.

Kulinarisches aus der Klosterküche stellt die Küchenchefin, Frau Friederike Geyer, vor.

KLOSTERNEUBURGER KNÖDEL

4 Semmeln, würfelig geschnitten
¹⁄₁₆ l Milch
25 dag Selchfleisch, würfelig geschnitten

2–3 Dotter
2–3 Eiklar
12 dag Butter

Milch über die Semmelwürfel gießen und etwas ziehen lassen. Dotter und Butter schaumig rühren und untermengen. Selchfleisch dazugeben, den steif geschlagenen Eischnee unterheben. Masse in eine Stoffserviette oder in ein befeuchtetes Geschirrtuch einschlagen und nicht zu streng zubinden. 30 bis 45 Minuten in Salzwasser kochen.

LUNGENBRATEN IN BLÄTTERTEIG (LENDENBRATEN)

1 kg Lungenbraten (Lendenbraten)
Salz, Pfeffer
1 kleiner Bund Wurzelwerk
Fett zum Anrösten
einige blanchierte Spinatblätter
Butterziegel:
¹⁄₄ kg Butter
6 dag glattes Mehl

Strudelteig:
20 dag Mehl
Salz, Essig
1 Ei
ca. ¹⁄₁₆ l lauwarmes Wasser

Lungenbraten häuten, salzen und pfeffern. Wurzelwerk waschen, kleinschneiden und anrösten. Lungenbraten beigeben und 1–1¹⁄₂ Stunden dünsten.
Spinatblätter zum Einschlagen des Bratens blanchieren. Butter und Mehl miteinander verarbeiten, zu einem »Ziegel« formen und kalt stellen. Aus Mehl, Salz, Essig, Ei und Wasser nach Bedarf einen Strudelteig herstellen. Strudelteig auswalken, Butterziegel darin einschlagen und wieder ausrollen. Teig noch 3–4mal einschlagen und auswalken. Lungenbraten mit Spinatblättern umhüllen und in den Blätterteig einschlagen. Mit Ei bestreichen, mit Wasser benetzen und 20 bis 30 Minuten bei guter Hitze backen.
Frau Geyer serviert dazu Pariser Karotten, Karfiol und Petersilkartoffeln.

KLOSTERNEUBURGER TORTE

24 dag Zucker
24 dag Nüsse
1 Ei
7 Eier, getrennt
Rum
5 dag Brösel
5 dag Mehl

Creme:
20 dag Butter
8 dag Zucker
10 dag Nüsse
Schokoglasur zum Überziehen

12 dag Zucker mit dem ganzen Ei und 7 Dottern sehr schaumig rühren, 12 dag Zucker mit den 7 Eiweiß steif schlagen. Brösel mit Mehl und etwas Rum in die Dottermasse geben, den steif geschlagenen Eischnee vorsichtig unterheben. Teig in eine gebutterte, mit Bröseln ausgestreute Tortenform füllen und bei 180 Grad 45–60 Minuten backen.
Für die Creme zimmerwarme, weiche Butter mit Zucker und Nüssen verrühren. Torte zweimal durchschneiden, mit der Creme füllen und mit Schokoglasur überziehen.

101

Benediktinerstift Kremsmünster
A-4550 Kremsmünster
Oberösterreich

Das Benediktinerstift wurde 777 durch Bayernherzog Tassilo auf einer Terrasse über dem Kremstal gegründet – der Sage nach an jenem Ort, an dem sein Sohn Gunther während einer Jagd durch einen wütenden Eber den Tod fand.

Geschichtlich gesehen war das Stift wohl als christlicher Vorposten gegen die Awaren gedacht.

Die Klosteranlage mit sechs Höfen und ausgedehnten Gärten zeigt mehrere einmalige baukünstlerische Leistungen: die Stiftskirche, eine unter C. A. Carlone barockisierte romanisch-frühgotische Basilika, den mit Arkadengängen und Brunnenfiguren geschmückten Fischkalter, die freistehende Sternwarte (das »erste Hochhaus Europas«), die »Moschee«, ein orientalisch anmutendes Gartenhaus von 1640.

In den Kunstsammlungen sind die Schatzkammer mit dem Tassilokelch, die Gemäldegalerie, die Kunstkammer, die Rüstkammer, die Paramentenkammer, die Bibliothek und der Kaisersaal zu sehen.

Den Benediktinerpatres obliegt nicht nur die Seelsorge in zahlreichen Pfarreien, sie leiten ein öffentliches Privatgymnasium mit Konvikt, sie führen auch durch die Kunstsammlungen, die Sternwarte und den Fischkalter. Stiftsschänke und Klosterladen sind ein zusätzliches Angebot für Besucher.

Einen Blick in die Stiftsküche gewährt Frau Fanni, die schon 33 Jahre dort kocht. Jeden Gründonnerstag gibt es ein traditionelles Gericht für die wackeren Beichtväter:

BEICHTPOVESEN

½ Weißbrotwecken (Toastbrot)
etwa ½ l Most, mit etwas Wasser verdünnt und mit
1 EL Zucker gesüßt
Powidl-Marmelade
Rum, geriebene Zitronenschale, Zimt

5 Eier
etwas Rum
1 Prise Salz
3–5 EL Mehl
Butter- oder Pflanzenfett zum Braten

Für den Backteig Eier mit Salz, Rum und Mehl verrühren.
Weißbrot oder Toastbrot so in Scheiben schneiden, daß immer 2 Scheiben auf einer Seite noch zusammenhängen (so können sie beim Eintauchen in den Teig nicht verrutschen). Die etwa 1 cm dicken Scheiben auseinanderklappen, mit Powidl füllen, zuklappen und kurz in Most eintauchen. Überschüssigen Most abtropfen lassen. Die Povesen in den Backteig eintauchen und sofort in heißem Pflanzen- oder Butterfett beidseitig goldgelb braten. Warm servieren.
Tip von Frau Fanni: Die Povesen schmecken – an anderen Tagen, als dem Gründonnerstag – auch mit einer Hackfleisch- oder Schinkenfüllung.

KLOSTERKARTOFFELN

1 kg gekochte Kartoffeln
4 hartgekochte Eier
etwa 0,5 kg gekochtes Fleisch
(Bratenreste, Geselchtes oder Wurst)
Salz, Pfeffer

frisch gehackte Kräuter nach Belieben
1 Becher Sauerrahm
4 EL Milch
1 Becher Naturjoghurt

Kartoffeln, Eier und Fleisch in Scheiben schneiden. Eine gefettete Auflaufform mit der Hälfte der Kartoffelscheiben belegen. Kartoffeln salzen, dann die in Scheiben geschnittenen Eier darauf verteilen und ebenfalls salzen und pfeffern. Die Fleischscheibchen auf die Eierschicht legen, Kräuter darüberstreuen und mit dem Rest der Kartoffeln belegen. Kartoffeln würzen, dann Sauerrahm, Joghurt und Milch verrühren und über die Kartoffelschicht gießen. Im Rohr bei 200 Grad etwa 30 Minuten backen.

GEBACKENE STIFTSSCHNITTEN

12 kleine Weißbrotscheiben (oder Toastbrotscheiben)
15 dag Mehl
Salz
1–2 Eier
ca. 0,3 l Milch

1 Becher Süß- oder Sauerrahm
1 Becher Joghurt
1 Prise Salz
Salzwasser zum Kochen
Pflanzen- oder Butterfett zum Braten

Aus Mehl, Salz, Ei und Milch einen Palatschinkenteig rühren. Weißbrotscheiben in den Palatschinkenteig tauchen, in kochendem Salzwasser kurz aufkochen. Die Schnitten wenden, da sie schwimmen, dann herausfischen und abtropfen lassen. Schnitten in wenig Pflanzen- oder Butterfett beidseitig braten. Schnitten nebeneinander in eine Reine oder Auflaufform schichten und mit dem Gemisch aus Rahm, Joghurt und Salz übergießen. Im Rohr bei 175 Grad etwa 30 Minuten backen.

Benediktinerstift Lambach

Klosterplatz 1
A-4650 Lambach
Oberösterreich

Graf Arnold II. von Wels-Lambach und seine Gemahlin Reginlinde machten 1040 aus ihrem Stammsitz ein Kanonikerstift. Ihr Sohn, Bischof Adalbero von Würzburg, wandelte es in eine Benediktinerabtei um, die 1056 von zwölf Mönchen aus Münsterschwarzach bei Würzburg bezogen wurde.

Im Investiturstreit stellte sich Adalbero (zusammen mit Altmann von Passau und Gebhard von Salzburg) auf die Seite von Papst Gregor VII. Daraufhin wurde er von Kaiser Heinrich IV. aus dem Frankenland vertrieben und hielt sich in der Folgezeit wohl auch in seiner Heimat Lambach auf, in der er 1090 begraben wurde.

Im Jahre 1089 gab es zwei bedeutende Ereignisse für die Abtei: Adalbero konnte mit seinem Freund, Bischof Altmann von Passau, die fertiggestellte Klosterkirche weihen, außerdem wurde das Benediktinerstift Melk von Lambach aus besiedelt.

Im Barock erlebte das Stift eine große Blüte, die Kirche wurde im Frühbarock neu gebaut, die Klosteranlage erweitert.

Neben den barocken Sehenswürdigkeiten wie Stiftskirche, Barocktheater, Bibliothek und Sommerrefektorium finden die »Lambacher Fresken« im ehemaligen Westchor (11. Jh.) große Beachtung als die bedeutendsten frühromanischen Fresken im süddeutschen Sprachraum. Das Barocktheater, anläßlich des Besuches von Marie Antoinette, der Tochter Maria Theresias, errichtet, ist das einzige noch erhaltene Stiftstheater in Österreich. Mozart war wiederholt dort und hat dem Stift die »Alte Lambacher Sinfonie« (KV 45a) gewidmet.

Nach Überwindung der wirtschaftlichen Schwierigkeiten in der Zeit nach dem Zweiten Weltkrieg hat das Kloster heute wieder Bedeutung als Wirtschaftsfaktor und Arbeitgeber für die Region. Das Stift führt ein Realgymnasium, eine Handelsschule und eine Handelsakademie als Privatschulen und beherbergt eine landwirtschaftliche Fachschule des Landes Oberösterreich mit dem Ausbildungszweig Pferdehaltung.

Seit 1994 beleben die Lambacher Stifts-Musiktage die Musik- und Theatertradition des Stiftes neu.

Schwester Georgine betreut die Lambacher Stiftsküche und bäckt gerne:

POWIDLTASCHERL NACH GESCHMACK DES ABTES VON STIFT LAMBACH

25 dag Mehl
etwas Salz
1 TL Backpulver
25 dag Topfen

25 dag Butter
25 dag Powidl
Ei zum Bestreichen

Mehl mit Salz und Backpulver auf die Arbeitsfläche geben, Topfen und Butter in Flöckchen zufügen, alles rasch zu einem feinen Teig kneten. Teig auswalken, Vierecke ausschneiden oder ausradeln, in die Mitte einen Teelöffel Powidl setzen. Vierecke wie Tascherl zusammenlegen, Ränder etwas andrücken und die Tascherl auf ein Backblech setzen. Mit Ei bestreichen, bei 180 Grad etwa 20 bis 30 Minuten backen.

Statt Powidl kann auch Marmelade nach Geschmack verwendet werden.

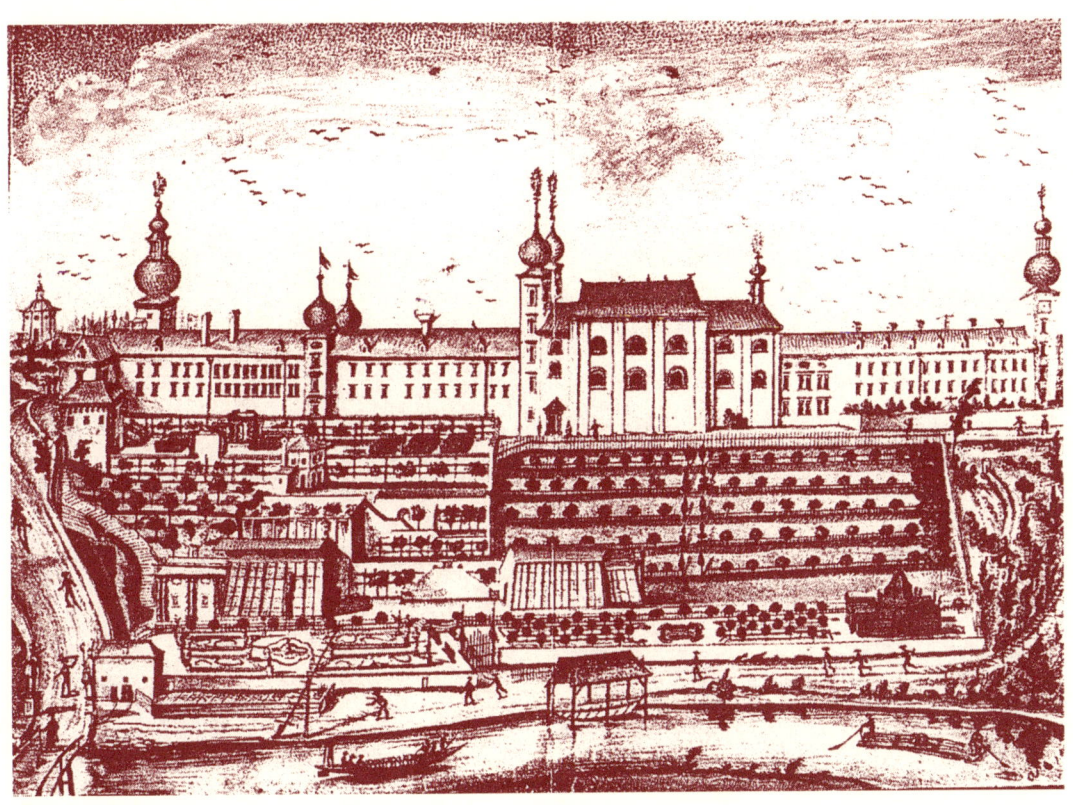

Superiorat der Benediktinerabtei St. Lambrecht
A-8630 Mariazell
Steiermark

Mariazell wird als Wallfahrtsort jährlich von mehr als einer Million Pilger aus allen Ländern Europas besucht. Es wurde in der Zeit der katholischen Reform zum Großwallfahrtsort der Habsburger und ist heute National-heiligtum.

Der geschichtliche Ursprung Mariazells geht auf eine klösterliche Niederlassung zurück, die 1157 durch das Kloster St. Lambrecht gegründet wurde. Der Bau der romanischen Kirche wurde 1200 begonnen. Schon bald setzte die Entwicklung zum Wallfahrtsort ein. Im Jubiläumsjahr 1757 wurden 373 000 Kommunikanten gezählt, die das Gnadenbild, eine Madonna mit Jesuskind, besuchten. Die Statue ist in der Gnadenkapelle in der Mitte der Kirche geborgen. Nach einem alten Brauch ist die spätromanische Lindenholzmadonna stets mit einem Mantel bekleidet und gekrönt.

Die Anlage der Mariazeller Basilika ist im Laufe der Zeit aus den jeweiligen Erfordernissen der Wallfahrt ge-wachsen. Die Fassade mit dem gotischen Mittelturm und den beiden barocken Seitentürmen bildet die cha-rakteristische Front. Das Kircheninnere wird durch die imposante Architektur des Hochaltars von Johann Bernhard Fischer von Erlach beherrscht.

In den Schatzkammern der Basilika werden besonders wertvolle Votivgaben vom Mittelalter bis zur Gegen-wart gezeigt, darunter ein ikonenartiges Muttergottesbild, ein Geschenk des Ungarnkönigs Ludwig I., um das sich eine Legende rankt.

Der Pfarrkoch von Mariazell, Rudolf Fluch, ist Koch mit Leib und Seele. So fiel die Auswahl aus seinen köst-lichen Rezepten wirklich schwer.

STEIRISCHES KUKURUZHUHN

1 junges Huhn
1 Zwiebel, gewürfelt
3 EL Öl
½ grüne Paprikaschote
½ rote Paprikaschote
½ gelbe Paprikaschote

850 g Maiskörner aus der Dose
2 geschälte, gewürfelte Tomaten
Salz, Pfeffer, Basilikum
¼ l Suppe (Brühe)
3 EL Sauerrahm
1 EL Mehl

Paprikaschoten waschen, putzen und würfeln. Huhn waschen, trockentupfen, vierteln, salzen, pfeffern, in heißem Öl knusprig anbraten. Aus dem Topf nehmen und kurz beiseite stellen. Zwiebelwürfel im Topf anrösten, Paprikawürfel, Maiskörner, Tomatenwürfel mitrösten, würzen und mit Suppe aufgießen. Die Hühnerviertel wieder in den Topf geben und gar schmoren.

Am Schluß der Garzeit Sauerrahm mit Mehl verrühren und die Soße damit binden.
Als Beilagen empfiehlt der Pfarrkoch Reis, Nudeln, Polentalaibchen und grünen Salat.

MOSTPALATSCHINKEN

250 g Mehl
¼ l Milch
¼ l Most
4 Eier
½ TL Salz
Fett zum Ausbacken

Fülle:
250 g Apfelmus
1 EL Zucker
Zimt
50 g gehackte Nüsse
50 g eingeweichte, kleingeschnittene Dörrzwetschken

Aus Mehl, Salz, Eiern, Milch und Most einen Palatschinkenteig bereiten und im heißen Fett Palatschinken ausbacken. Für die Fülle Apfelmus nach Geschmack süßen

und mit Zimt, Nüssen und Dörrzwetschken mischen. Die Palatschinken damit füllen und nach Belieben anzuckern.

APFELSCHLANGEL MIT WEIN

45 dag Mehl
½ P. Backpulver
30 dag Butter
2 Eidotter

1/16 l Weißwein
1 kg geschälte, geraspelte Äpfel
Zimt, Zucker
Rosinen nach Geschmack

Mehl mit Backpulver mischen und auf die Arbeitsfläche geben. In die Mitte eine Vertiefung eindrücken, Eidotter und Wein hineingeben und mit etwas Mehl vermengen. Butter in Flöckchen zugeben und alles rasch zu einem glatten Mürbteig verkneten, dann zu einer Rolle formen und kühl rasten lassen.

Teig zu zwei Platten auswalken, eine Teigplatte auf ein gefettetes Backblech legen und mit den geraspelten Äpfeln belegen. Rosinen, Zimt und Zucker darüberstreuen, dann die andere Teighälfte darauflegen und mit Eigelb bestreichen. Bei guter Mittelhitze etwa 35 Minuten backen.

Benediktinerstift Melk
Abt-Berthold-Dietmayr-Straße 1
A-3390 Melk

Auf einem Urgesteinsfelsen hoch über der Donau ragen Türme und Kuppel des Stiftes Melk, des Inbegriffs barocker Klosterbaukunst, weit ins Land. Um 980 soll Markgraf Leopold I. auf diesem Felsen die erste Babenberger Residenz errichtet haben. Leopold II. übergab diese Burg 1089 Benediktinermönchen aus Lambach, um am Grab seiner Familie das Gebet nicht verstummen zu lassen und um die Kulturträchtigkeit der Regel des heiligen Benedikt für das Land zu nützen. Die endgültige Schenkung und materielle Sicherstellung wird Leopold III., dem Heiligen, zugeschrieben. Das Kolomanigrab und die Kreuzreliquie trugen neben der Grablege der Babenberger zur Bedeutung des Stiftes als Landesheiligtum bis in die frühe Habsburgerzeit bei. Nach einem monastischen und wirtschaftlichen Tiefpunkt wurde das Kloster im 15. Jh. wieder zu einem religiösen und kulturellen Mittelpunkt und zum Ausgangspunkt der »Melker Reform«, die bis nach Ost- und Süddeutschland ausstrahlte.

Nach einem neuerlichen Niedergang während der Reformation und der Türkenkriege gelang im 17 Jh. nicht nur die wirtschaftliche Gesundung, es setzte auch in monastischer und wissenschaftlicher Hinsicht ein beachtlicher Aufschwung ein. Die große Blütezeit des klösterlichen Lebens im 18. Jh. fand ihren Ausdruck in den prächtigen Barockbauten der österreichischen Klöster. So ließ Abt Berthold Dietmayr 1702–1736 Kirche und Kloster mit dem genialen Baumeister Jakob Prandtauer in der heute weithin bekannten barocken Gestalt neu erstehen.

Das Barockstift beherbergte wiederholt Mitglieder des Kaiserhauses und andere hohe Gäste, die den sogenannten Kaisertrakt bewohnten. Kaiserin Maria Theresia, deren zweitägiger Aufenthalt 1743 so viel gekostet hatte, wie acht Jahreshonorare des Baumeisters Jakob Prandtauer (2400 Gulden), sagte nach ihrem Besuch (verständlicherweise!):

»Es reuete mich, so ich nit hier gewesen werr.«

Eine traditionelle Aufgabe der Melker Benediktiner ist die Pfarrseelsorge. Im Stift selbst werden neue Akzente in der außerordentlichen Seelsorge gesetzt; durch den Ausbau eines Gästetraktes soll die Durchführung von Einkehrtagen, Familienwochen, Kloster auf Zeit und weiterer pastoraler Angebote ausgebaut werden. Die Schultradition des Stiftes geht in das 12. Jahrhundert zurück; derzeit bietet das Stiftsgymnasium den rund 700 Schülern vier Schulzweige an. Angeschlossen ist ein Internat für Jungen.

Die vielen Besucher sind nicht nur eine pastorale Herausforderung für das Kloster (in Stiftsführungen und Ausstellungen darauf hinzuweisen, daß die Menschen in allen Bereichen der Kunst durch ihre Werke auf Gott hin verweisen wollen), betont Pater Martin. Die Einkünfte aus dem Fremdenverkehr sind für das Stift auch eine wesentliche Hilfe zur Erhaltung dieses barocken Gesamtkunstwerks.

Für das leibliche Wohl sorgt das Stiftsrestaurant im Stiftspark, Mitbringsel findet der Besucher im Souvenir-Shop.

Die Küchenchefin, Frau Maria Kutik, gibt mit folgenden Rezepten Einblick in die Melker Klosterküche:

WACHAUER BEIRIED

100–120 dag Beiried (pro Person etwa 30 dag)
Salz, Pfeffer, etwas Senf
30 dag Wurzeln (Karotten, Sellerie, Petersilienwurzel,
Lauch)
1 Zwiebel, gehackt
⅛ l Wachauer Rotwein
½ l Rindssuppe

3 Lorbeerblätter
1 Zweig Thymian
1 TL Liebstöckl, gehackt
einige Pfefferkörner
etwa ⅛ l Obers
etwas Butter
1–2 EL Speisestärke

Fleisch küchengerecht vorbereiten, von Sehnen befreien, salzen, pfeffern und mit etwas Senf dünn bestreichen. Mit den gehackten Wurzeln und der gehackten Zwiebel in einer Pfanne oder in einem Bräter anbraten, dabei öfter wenden, bis es schöne Farbe zeigt. Mit Wachauer Rotwein ablöschen und Rindssuppe aufgießen. Lorbeerblätter, Thymian, Liebstöckl und Pfefferkörner zugeben. Beiried im Backrohr unter häufigem Begießen mit dem

Bratensaft bei 180–200 Grad fertig garen (es löst sich beim Anstechen dann leicht von der Gabel). Das Fleisch vor dem Aufschneiden etwas rasten lassen. Bratensaft abseihen, mit Obers, Butter, Salz und Pfeffer abschmecken, mit etwas Speisestärke leicht binden und nochmals aufkochen lassen. Zum Servieren etwas Soße über die portionierten Fleischstücke geben.

MELKER KLOSTERBROT
(Buttermilch-Vollkorn-Brot)

½ kg Roggenmehl
¼ kg Dinkelmehl
¼ kg Weizenmehl
10 dag Weizenschrot
½ l Buttermilch, zimmerwarm
1 TL gemahlener Kümmel
½ TL Fenchel
½ TL Anis

lauwarmes Wasser nach Bedarf
6 dag Hefe
ca. 2 TL Salz
1 TL Zucker
nach Belieben Sonnenblumenkerne, Kürbiskerne,
Mohn, Haferflocken, Nüsse
1 Ei
3 EL Wasser

Ca. ⅛ l lauwarmes Wasser, 1 TL Zucker, die zerbröckelte Hefe und etwas Mehl verrühren (Dampfl, Vorteig) und zugedeckt aufgehen lassen. Mehlsorten und Schrot mischen, Salz, Kümmel, Fenchel und Anis dazugeben. Die angerührte Hefe, die Buttermilch und lauwarmes Wasser nach Bedarf mit dem Knethaken einer Rührmaschine untermengen. Der Teig soll nicht zu weich sein. Mit Salz oder Gewürzen nochmals abschmecken, den Teig dann auf einem Brett zu einer Kugel formen und ca. 20 Minuten warm rasten lassen.
Teig in Portionen teilen, zu Stangen (Pariserbrot) formen und in verschiedenen Kernen, Mohn oder Haferflocken,

gehackten Nüssen, Anis oder Fenchel wälzen. Ei mit Wasser verquirlen, Brotstangen auf ein gefettetes Backblech legen und mit dem Gemisch bestreichen, damit die „Körndln" einen schönen Glanz bekommen und besser haften. Brote vor dem Backen weitere 15 Minuten rasten lassen. Mit einer Gabel stupfen oder mit einem Messer leicht einritzen und im vorgeheizten Backrohr bei 180 Grad etwa 30 Minuten backen.
Nach Belieben können in den Brotteig auch Walnüsse eingeknetet werden oder die Brotmasse kann zu Weckerl (Brötchen) geformt werden.

BLUNZ'N-PASTETE NACH MELKER ART
Blutwurst-Pastete (ca. 8 Portionen)

30 dag Blutwurst
4 Eier
1/8 l Rindssuppe

2 Zehen Knoblauch
1/8 l Schlagobers
Salz, Pfeffer

Zwei Drittel der Blutwurst in Scheiben schneiden und in der Rindssuppe einköcheln lassen, den Rest der Blutwurst in gleichmäßige Würfel schneiden. Die weiche Blutwurstmasse mit Obers und den ganzen Eiern, etwas Salz, Pfeffer und den zerdrückten Knoblauchzehen aufmixen, damit die Masse bindet. Abschmecken, die Blutwurstwürfel dazugeben und alles in eine mit Klarsicht-folie ausgelegte Pasteten- oder Rehrückenform füllen. Im Wasserbad im Backrohr bei 90 Grad etwa 30 Minuten pochieren. Die Pastete über Nacht im Kühlschrank rasten lassen. Aus der Form stürzen, dünn aufschneiden und mit frisch geriebenem Kren oder Blattsalaten beliebig garnieren.

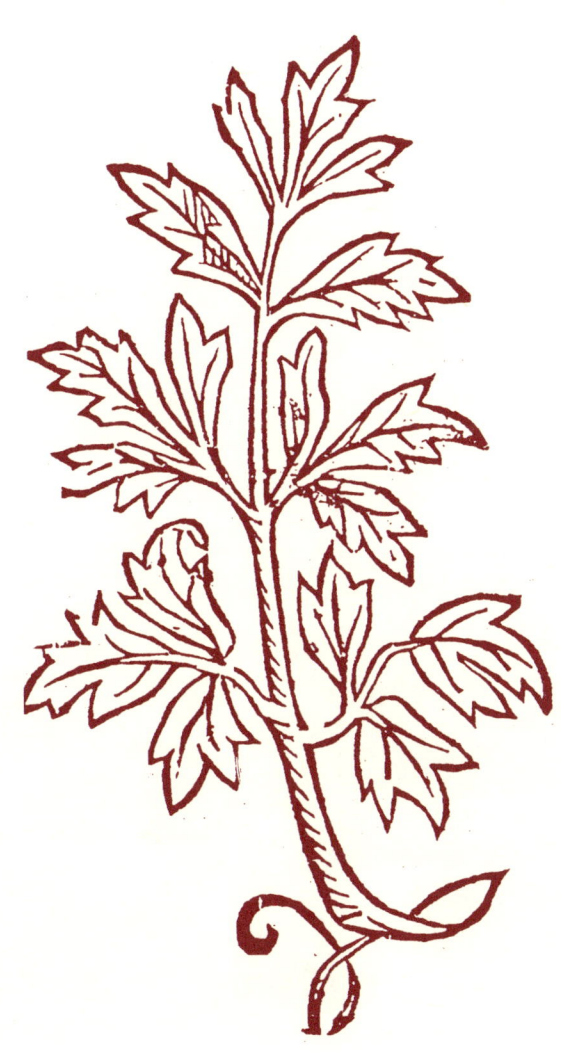

Klein-Theresien-Karmel
Treietstraße 18
A-6830 Rankweil
Vorarlberg

Wie der Name sagt, ist dieses Kloster der Karmelitinnen der kleinen heiligen Therese von Lisieux geweiht. Der Ursprung des Karmelitenordens liegt im Heiligen Land, um 1240 wurde der Orden nach Europa vertrieben. Die große heilige Teresa von Avila reformierte den Orden und gründete 1562 das erste reformierte Karmelitinnenkloster in Avila.

Die Schwestern des Klein-Theresien-Karmel beschreiben ihr Klosterleben unter dem Aspekt der gemeinsamen Mahlzeiten so:

»Große Zufriedenheit und Fröhlichkeit zeichnete die ersten Töchter der hl. Teresa von Avila aus. Auch 400 Jahre später sind Freude und Dankbarkeit charakteristisch für Karmelitinnen. ... So ist das Kochen im Karmel eine Freude. Denn die Küchenschwestern dürfen immer mit zufriedenen Gästen rechnen.«

»Meine Töchter, es gibt keinen Grund zum Traurigsein.....wißt, ... daß Gott auch zwischen den Kochtöpfen zugegen ist.« (Hl. Teresa)

»Im Karmel gibt es außer den kirchlichen Fastenvorschriften noch weitere Eßbeschränkungen. Die beiden wichtigsten wurden schon in der ursprünglichen Regel des Ordens aus dem Jahre 1247 festgelegt:

1. Gefastet wird von der Kreuzerhöhung (14. Sept.) bis Ostern
2. Die Kost ist fleischlos. (Dafür gibt es um so mehr Gemüse und Obst.)

Doch unter bestimmten Umständen (Krankheit, Schwäche, Reisen) kann von diesen Gesetzen dispensiert werden.«

Gerne verwenden die Karmelitinnen Sojaprodukte als Fleischersatz, so auch im Gurkenragout.

GURKENRAGOUT

2 mittelgroße Zwiebeln
etwas Öl
100 g Sojawürfel
Salz, Pfeffer, Majoran,

¹⁄₄ l Gemüsebrühe
2 Salatgurken
¹⁄₈ l Sauerrahm
Mehl zum Binden

Die nudelig geschnittenen Zwiebeln in Öl anrösten, die Sojawürfel zugeben, mit Salz, Pfeffer, Majoran würzen und mit Gemüsebrühe aufgießen. Die Sojawürfel fast weich dünsten lassen. Dann die in Scheiben geschnitte-nen Gurken dazugeben und noch 10 Minuten dünsten. Mehl mit Sauerrahm versprudeln, dazugeben und noch einmal aufkochen lassen. Mit gekochten Kartoffeln ser-vieren.

Hohe Festtage heben sich im Karmel auch in der Küche vom Alltag ab. Hier ist ein beliebtes Fischgericht:

FISCHFILETS »POLONAISE«

800 g Fischfilets
Salz, Pfeffer, Streuwürze
Zitronensaft
¹⁄₈ l Weißwein

50 g Butter
3 EL Brösel
2 EL gehackte Petersilie
2 hartgekochte Eier

Fischfilets würzen, mit Zitronensaft beträufeln und in ei-ne gefettete feuerfeste Form legen. Fisch mit Weißwein begießen und zugedeckt (Alufolie) im Ofen bei mittlerer Hitze ca. 10 Minuten dämpfen. Eier schälen, kleinschnei-den und mit den Bröseln und der Petersilie in etwas Butter leicht anrösten. Die Bröselmasse auf den Fischfi-lets verteilen.

Augustiner-Chorherrenstift
A-4981 Reichersberg
Oberösterreich

Im Jahre 1084 wandelte Wernher, der letzten Edle von Reichersberg, seinen Besitz in ein Kloster um. Er berief Augustiner-Chorherren auf seine Burg. Diese Ordensgemeinschaft überstand alle Widrigkeiten der Geschichte und kann auf über 900 Jahre ununterbrochenen Bestehens zurückblicken. Nach dem furchtbaren Brand 1624 wurden Kirche und Klosteranlage neu erbaut und erhielten ihre heutige großzügige barocke Gestalt. Die Stiftskirche St. Michael ist geschmückt mit Fresken des Münchner Hofmalers Christian Wink.
Heute ist das Stift kultureller Mittelpunkt der Region. In Kirche und Festsaal finden Konzerte statt, das Bildungszentrum bietet Kurse verschiedener Art an, im Restaurant und in der Vinothek gibt es leibliche Genüsse und im Klosterladen originelle Mitbringsel.
Herr Werner, der Rentmeister des Stiftes, stellt folgende Schmankerl aus der Klosterküche vor:

Topfen-Grieß-Knödel

125 g Butter
2–3 Eidotter
250 g Topfen
250 g Grieß
2–3 Eiweiß

eine Prise Salz
1 TL Vanillezucker
Schale einer ungespritzten Zitrone
Brösel zum Wälzen

Butter schaumig schlagen, Eidotter nach und nach unterrühren, anschließend den Topfen dazugeben und weiter rühren, dann den Grieß untermengen. Eiweiß mit einer Prise Salz zu Schnee schlagen und mit Vanillezucker und Zitronenschale unter die Grießmasse heben.

3–4 Stunden kühl stellen, Knödel formen und im kochenden Wasser ca. 15 Minuten langsam kochen. Herausnehmen, abtropfen lassen und in Bröseln wälzen. Vor dem Servieren mit Staubzucker bestreuen. Kompott dazu reichen.

Käsepalatschinken
(15 Stück)

250 g griffiges Mehl
5 Eier
½ l Milch
eine Prise Salz, eine Prise Muskatnuß

1 EL Petersilie, gehackt
1 EL Schnittlauch, fein geschnitten
800 g geriebener Käse
Öl zum Backen

Milch, Mehl, Salz, Muskatnuß, Petersilie und Schnittlauch zu einem dickflüssigen Teig verrühren. Eier nach und nach zugeben und gut verrühren. In einer Pfanne wenig Öl erhitzen. Nur so viel Teig unter Drehen in die Pfanne gießen, daß der Boden dünn bedeckt ist. Palat-

schinken auf beiden Seiten goldbraun backen, auf einen Teller legen und mit Käse bestreuen. Die Palatschinken zusammenschlagen, in eine feuerfeste Form geben und im Backofen ca. 15 Minuten bei 150 Grad backen. Auf Tellern anrichten und mit Salat servieren.

Cistercienserstift Rein
A-8103 Rein
Steiermark

Das im Jahre 1129 gegründete Stift Rein ist das älteste durchgehend bestehende Zisterzienserstift der Welt. Die Klosteranlage mit der zweitgrößten Kirche der Steiermark spiegelt die Baugeschichte von achteinhalb Jahrhunderten wider. Die 1747 neuerbaute barocke Stiftskirche mit dem Hochaltarbild vom »Kremser Schmidt« ist ebenso sehenswert wie der Huldigungssaal mit Fresken von Joseph Amonte (1740) und der Schauraum der Bibliothek. Dort werden kostbare Handschriften und die typischen Reiner Bucheinbände aus der klostereigenen Bucheinbindewerkstatt (Ende 15. Jh) gezeigt. Interessant ist auch der Kreuzgang, in dem 53 lebensgroße Äbtebilder zusätzlichen Aufschluß über die Geschichte des Stiftes geben. Bei Führungen durch das Stift werden viele interessante historische Bezugspunkte zur Geschichte der Steiermark und der Stadt Graz offenbar.

Die Zisterzienser in Rein betreuen nicht nur eine Anzahl von Pfarreien seelsorgerisch, sie bieten den Besuchern des Stiftes auch ein reiches kulturelles Programm: Kirchenmusik, Konzerte, Ausstellungen. Im Stift gibt es ein ganz spezielles Andenken für Klosterbesucher: einen kleinen silbernen Schlüssel, den »Reiner Gnadenschlüssel«. Der 1995 neu aufgelegte Schlüssel erinnert an die Wiedereinweihung der Kirche vor 50 Jahren, hat aber zudem einen weit zurückreichenden historischen Ursprung.

Pater Stephan führt uns von den kulturellen zu den kulinarischen Schätzen, die aus der zisterziensischen Küchentradition stammen. Das Rezept für »Truites Chablisiennes« findet sich in einem Kochbuch der ehemaligen Primarabtei Pontigny, das »Poulet à la normande« stammt aus der Abbaye aux Hommes in Caen, Canard „aux griottes" aus dem alten Hospiz (Hotel-Dieu) in Beaune.

TRUITES CHABLISIENNES
FORELLEN IN CHABLIS

4 schöne Bachforellen
Salz, Pfeffer
6 EL Butter

1½ dl guten Chablis (alternativ guter trockener Weißwein, z. B. Silvaner)
3 EL feingehackte Schalotten
¾ l Sahne

Forellen ausnehmen, mit einem Tuch säubern (nicht waschen!), salzen und pfeffern. In einer reichlich gebutterten feuerfesten Auflaufform anordnen und einige Butterstückchen darüber geben. Backrohr auf 175 Grad vorheizen, Forellen 15 Minuten darin braten, dann mit den

Schalotten bestreuen und weitere 3 Minuten in den Backofen stellen. Wein zugießen und vollkommen verdampfen lassen. Anschließend die Sahne zugeben und 10 Minuten sachte kochen lassen, bis die Sauce etwa um die Hälfte auf eine sämige Konsistenz eingekocht ist.

Poulet a la normande
Hähnchen mit Äpfeln und Calvados

1 küchenfertiges Hähnchen (ca. 1,25 kg)
3 EL Mehl
2 Schalotten
2 EL Öl
40 g Butter

Salz
frisch gemahlener Pfeffer
600 g säuerliche Äpfel
100 ml Calvados
3 EL Crème fraîche

Das Hähnchen kalt abbrausen, abtrocknen und in Portionsstücke zerteilen. Das Mehl in einen tiefen Teller geben und die Stücke darin wälzen, anschließend das überschüssige Mehl abklopfen.

Das Öl und die Butter in einem dickwandigen Schmortopf erhitzen, die Hähnchenteile darin anbraten, salzen und pfeffern. Die Hitze reduzieren, den Topf zudecken und das Fleisch etwa 20 Minuten bei schwacher Hitze vorsichtig schmoren, ab und zu wenden.

Backofen auf 250 Grad vorheizen.

Inzwischen die Äpfel schälen, vierteln und die Kerngehäuse entfernen. Das Fruchtfleisch in feine Scheibchen schneiden. Die Hälfte der Apfelscheiben in eine feuerfeste Form legen, die Hähnchenteile darauf anordnen. Mit den restlichen Apfelscheiben bedecken.

Die Schalotten schälen und fein hacken, in einer Kasserolle ohne Fett etwas anbräunen. Calvados und Crème fraîche dazugießen, salzen und pfeffern. Kurz aufkochen lassen und anschließend über das Gericht gießen. Die Hähnchenteile nun im Backofen bei 200 Grad etwa 30 Minuten garen. Vor dem Servieren nach Belieben mit Kräutern bestreuen.

Canard aux griottes
Ente mit Sauerkirschen

1 küchenfertige Ente (etwa 1,6 kg)
50 g weiche Butter
Salz

frisch gemahlener Pfeffer
1 kg Sauerkirschen
100 ml Sauerkirschlikör

Backofen auf 240 Grad vorheizen. Die Ente innen und außen waschen und sehr gut abtrocknen. Mit der Butter bestreichen, innen und außen salzen und pfeffern.

Ente in einer Bratreine im Backofen etwa 1 1/2 Stunden braten, bis sie knusprig braun ist.

Inzwischen die Kirschen waschen und entsteinen. Die Hälfte der Früchte etwa 5 Minuten vor dem Ende der Garzeit in das Innere der Ente füllen und mit erhitzen. Die restlichen Kirschen mit dem Wiegemesser zerkleinern und mit dem Kirschlikör verrühren. Die Ente anrichten. Den Bratenfond mit dem Kirschenmus loskochen und zur Ente servieren.

Kloster St. Anna

Redemptoristinnen
Braunauer Straße 8
A-4910 Ried
Oberösterreich

Gründerin des Ordens der Redemptoristinnen (Schwestern vom Allerheiligsten Erlöser) ist Maria Celeste von Scala (1696–1755), eine große Mystikerin des 18. Jahrhunderts. Der Schwestern-Orden nach den Regeln von Maria Celeste wurde 1731 in Scala gegründet, die Gründung der Kongregation der Redemptoristen erfolgte 1732 durch Alfons von Liguori. Von 1738 bis zu ihrem Tod lebte Maria Celeste in dem von ihr gegründeten Kloster in Foggia, wo sie schon zu Lebzeiten als die »heilige Priorin« verehrt wurde.

Mit Klemens M. Hofbauer kam die Kongregation 1785 über die Alpen nach Wien; 1830 wurden die Redemptoristinnen durch den Kaiser offiziell zugelassen. Als im Revolutionsjahr 1848 die Schwestern vertrieben wurden, flüchteten einige von ihnen nach Holland. Das Kloster in Ried wurde 1852 von Schwestern, die aus Holland zurückkehrten, gegründet.

Heute betreiben die streng kontemplativ lebenden Schwestern in Ried eine Hostienbäckerei und eine Paramentenschneiderei.

Schwester Regina verrät einige bewährte Rezepte aus der Klosterküche.

GRIESSWUNDER

2 ganze Eier
4 EL Zucker
1 Prise Salz
8 EL Grieß

¹/₄ P. Backpulver
Zitronen- oder Orangengeschmack (Aroma)
¹/₂ l Milch

Zucker mit Eiern schaumig rühren, Salz und Geschmackszutaten zugeben, Grieß mit Backpulver vermengen und einrühren. In eine gefettete Form füllen und bei mäßiger Hitze goldgelb backen. Kurz vor Ende der Garzeit mit der kochenden Milch übergießen und nochmals kurz in das Backrohr stellen.
Der Auflauf geht sehr hoch auf, daher eine genügend große Form nehmen!

NUSS-STRUDEL

Germteig:
¹/₂ kg Mehl
6 EL Butter
3 EL Zucker
2 dag Germ
ca. ¹/₂ l Milch
Salz, geriebene Zitronenschale
2 Eier
Vanillezucker
1 kleines Glas Rum

Nußfülle:
¹/₄ kg geriebene Nüsse
¹/₄ kg Zucker
¹/₄ kg Brösel
1 EL Honig
1 kleines Glas Rum
1 Messerspitze Zimt
geriebene Schale einer ¹/₂ Zitrone
Vanillezucker
etwas lauwarme Milch

Mehl in eine große Schüssel geben, in die Mitte eine Vertiefung eindrücken. Aus etwas lauwarmer Milch, Germ und 1 EL Mehl ein Dampferl bereiten (Zutaten verrühren), in die Mulde geben, mit Mehl bestreuen und aufgehen lassen. Dann alle übrigen Zutaten untermengen und gut verarbeiten. Teig abschlagen und aufgehen lassen.

Für die Nußfülle die angegebenen Zutaten mit lauwarmer Milch nach Bedarf zu einer gerade noch streichfähigen Masse verarbeiten. Teig ausrollen, Fülle aufstreichen, Strudel aufrollen und auf einem gefetteten Blech etwa 30 Minuten rasten lassen. Bei Mittelhitze ca. 45 Minuten backen.

Benediktinerinnen-Abtei Nonnberg

Nonnberggasse 2
A-5020 Salzburg

Die Anfänge der Benediktinerinnen-Abtei auf dem Nonnberg reichen 1300 Jahre zurück. Als der heilige Bischof Rupertus um 700 das durch die Völkerwanderung zerstörte »Juvavia«, das heutige Salzburg, missionierte, gründete er auch ein Kloster für Frauen, zu dessen Leitung er seine Verwandte Erentrudis berief.
Gebet, Handarbeit, Unterrichtstätigkeit, Pflege der Armen und Kranken waren die Aufgaben der Gemeinschaft. Seit etwa 900 bestimmt die Ordensregel des heiligen Benedikt das gemeinschaftliche Leben im Kloster.
Jede Schwester trägt mit ihren Fähigkeiten zum Unterhalt der Gemeinschaft bei. So arbeiten die Benediktinerinnen heute in ihrer Keramikwerkstatt, fertigen grafische Arbeiten oder restaurieren alte Gemälde, betreuen ein Internat für Mädchen oder arbeiten in der Landwirtschaft.
Die angeführten Rezepte aus der Klosterküche wurden von Schwester Fidelis und von Schwester Agnes zusammengestellt.

ÄBTISSINNENKNÖDEL

500 g Faschiertes (Hackfleisch)
1 altbackene Semmel
1 Ei
1 Zwiebel, fein gehackt
1 EL Petersilie

Salz, Pfeffer
2–4 Eier (je nach Größe)
$^1/_4$ –$^1/_2$ l Milch
3 TL Mehl

Semmel in Milch oder Wasser einweichen, ausdrücken und zum Faschierten geben. Ei, Zwiebelwürfel, Petersilie, Salz und Pfeffer zugeben und die Masse gut vermengen. Zu kleineren Knödeln formen und diese roh in eine gefettete Form legen.

Eier, Salz und Mehl mit Milch versprudeln und mit dieser Mischung die Knödel angießen. Die Rundung der Knödel sollte noch sichtbar bleiben. Im Rohr bei Mittelhitze etwa 30 Minuten backen.

SCHEITERHAUFEN NACH ALTER KLOSTERTRADITION

4–6 Semmeln, in Stangen geschnitten
5–6 Äpfel, geschält und in Scheibchen geschnitten
4 EL Zucker
1 TL Zimt

3–4 Eier
$^1/_8$–$^1/_4$ l Milch oder Rahm
Zucker zum Bestreuen

Die Hälfte der in Stangen geschnittenen Semmeln in eine gefettete Auflaufform legen, die geschnittenen Äpfel darauf verteilen, Zucker und Zimt mischen und darüberstreuen. Diese Schicht wieder mit den restlichen geschnittenen Semmelstangen bedecken. Eier mit Rahm

(oder Milch) verrühren und über den Scheiterhaufen gießen. Die Form soll etwa zu $^3/_4$ gefüllt sein. Bei Mittelhitze im Rohr etwa 40 Minuten backen. Mit Zucker bestreut servieren.

Benediktiner-Erzabtei St. Peter
A-5010 Salzburg

Ende des 7. Jh., um 696, gründete der heilige Bischof Rupert auf den Ruinen des römischen Juvavum das Kloster St. Peter, dem er auch als Abt vorstand. Der hl. Rupert gilt zugleich als Gründer und erster Bischof des christlichen Salzburg. Die Leitung der Mönchsgemeinschaft, die im Laufe des 8. Jh. die Regel des hl. Benedikt annahm, lag bis 987 in der Hand des jeweiligen Bischofs (ab 798 Erzbischofs) von Salzburg.

St. Peter war während des Mittelalters ein bedeutendes religiöses, wissenschaftliches und kulturelles Zentrum. Davon zeugen auch die berühmte Schreib- und Malschule (9.–13. Jh.) und die Petersschule, die im 15. Jh. einer kleinen Universität glich. 1623 wandelte Erzbischof Paris Lodron die Petersschule mit Zustimmung von Papst und Kaiser in eine Benediktiner-Universität um. Sie bestand bis zu ihrer Aufhebung im Jahr 1810.

Das ausgehende 18. Jh. brachte für St. Peter eine weitere Blütezeit, in der neben Philosophie, Theologie, Geschichte und den Naturwissenschaften auch die Musik gefördert wurde. So wirkten W. A. Mozart und J. M. Haydn an der Stiftskirche und waren auch der Abtei verbunden.

Die hochromanische Kirche mit dem Grab des heiligen Rupertus wurde 1131–1143 errichtet. Im Barock wurde der Stiftshof in seiner unregelmäßigen Vierecksform geschaffen, im Spätbarock die Stiftskirche neu ausgestattet.

Einen großen Aufgabenschwerpunkt der Benediktiner von St. Peter bildet auch heute die Seelsorge in der Stiftskirche, in sechs Pfarren und im Wallfahrtsort Maria Plain. Weiter arbeiten die Mönche im Liturgischen Institut, in ihrem kleinen Internat für Schüler verschiedener Salzburger Schulen, in Archiv, Bibliothek und Musikarchiv im Dienst der Wissenschaft, in ihrem Wirtschafts- und Hauswesen.

Der Stiftskeller St. Peter, 803 anläßlich des Besuches Karls des Großen erstmals erwähnt, gilt als älteste Gaststätte Europas. Hier wird der in den klostereigenen Wachauer Weinrieden angebaute Prälatenwein exklusiv ausgeschenkt. Der Küchenleiter, Kurt Trobits, macht mit folgenden Rezepten Appetit:

ST.-PETER-KLOSTERTOPF
(Cremesuppe mit Selchfleisch und Gerstl)

100 g Selchfleisch	40 g Rollgerste
½ Zwiebel, fein gehackt	20 g Weißmehl
1 kleine Karotte	1,5 l Selchfleischfond
½ Stange Lauch	etwas Sahne
⅛ Knollensellerie	2 EL frisch geschnittener Schnittlauch
1 EL Butter	4 Stück kleine ausgehöhlte Schwarzbrotlaibchen

Selchfleisch kochen und in kleine Würfel schneiden, Fond zum Aufgießen verwenden. Gemüse putzen, schälen und kleinwürfelig schneiden. Zwiebelwürfel und Gemüse in Butter andünsten, Rollgerste dazugeben und mitdünsten. Mehl beifügen, mit Selchfleischfond aufgießen und sieden, bis die Gerste weich ist. Suppe mit Sahne verfeinern, abschmecken und die Selchfleischwürfel zufügen.

In die ausgehöhlten Brotlaibchen füllen, mit Schnittlauch bestreuen und sofort servieren.

CASSOULET VOM ST.-PETERSFISCH AUF WEISSEN UND ROTEN BOHNEN

600 g Filets vom St.-Petersfisch
1 Zweig Thymian
1 Zweig Estragon
1 Knoblauchzehe
2 EL Olivenöl
etwas Zitrone, Pfeffer
2 EL Mie de pain (geriebenes Inneres vom entrinde-
ten Weißbrot)

Bohnengemüse:
100 g getrocknete weiße Bohnen
100 g getrocknete rote Bohnen
1 Bund Suppengrün, 1 Zweig Thymian
1 Lorbeerblatt, Salz, Pfeffer
1 Spritzer Essig
8 Tomaten, 1 kleine Zwiebel

200 g gemischte Gemüsewürfel
(Lauch, Karotten, Sellerie)
1 Knoblauchzehe
1 EL Olivenöl
2 EL gemischte, gehackte Gartenkräuter (Estragon,
Basilikum, Petersilie)
1/4 l Gemüsefond
2 EL Sauerrahm

Sauce:
1 Schalotte, 2 EL Butter
1 EL Noilly Prat (trockener französischer Wermut)
3 EL Weißwein
1/4 l Fischfond,
1/4 l Kalbsfond
etwas Balsamico-Essig (Balsamessig)

Rote und weiße Bohnen über Nacht in 1 l Wasser quellen lassen. Das Suppengrün putzen, waschen und kleinschneiden. Bohnen mit dem restlichen Wasser, Suppengrün, Thymianzweig, Lorbeerblatt, Salz und einem Spritzer Essig etwa 1¼ Stunden garen.

Inzwischen die Fischfilets in acht gleich große Stücke schneiden. Thymian- und Estragonblättchen fein hacken und die Knoblauchzehe zerdrücken. Die Kräuter mit Knoblauch, Olivenöl, Zitronensaft, Salz und Pfeffer mischen und die Fischstücke damit bestreichen. Etwa 1 Stunde marinieren.

Die Tomaten mit kochendem Wasser überbrühen, häuten, entkernen und das Fruchtfleisch in Stücke schneiden. Die Zwiebel fein würfeln, die Knoblauchzehe zerdrücken und beides in Olivenöl anschwitzen. Die Gemüsewürfel und die gekochten, abgetropften Bohnen beigeben und weiter anschwitzen. Tomaten und Kräuter hinzufügen, den Gemüsefond angießen und etwas einko-

chen lassen. Sauerrahm einrühren und mit Salz und Pfeffer abschmecken.

Das Bohnengemüse in eine Auflaufform geben, die Fischfilets darauflegen, mit Mie de pain bestreuen und im vorgeheizten Backrohr bei 150 Grad ca. 20 Minuten garen.

Für die Sauce die fein gewürfelte Schalotte in Butter ansautieren, mit Noilly Prat und Weißwein ablöschen, etwas einkochen lassen, Fisch- und Kalbsfond aufgießen, auf die Hälfte reduzieren. Mit Salz und Pfeffer würzen und mit etwas Zitronensaft und Balsamico-Essig abschmecken.

Das Bohnengemüse in die Mitte der vorgewärmten Teller geben, die Fischfilets dazulegen und die Sauce rundherum angießen. Mit Thymianblüten garnieren.

Dazu passen Salzerdäpfel oder frisches Baguette mit Knoblauch.

Herz-Jesu-Missionare
Superiorat des
Missionshauses Liefering
Schönleitenstraße 1
A-5013 Salzburg-Liefering

Die Gemeinschaft der Herz-Jesu-Missionare wurde 1854 in Frankreich gegründet. Die europäischen Klöster der Gesellschaft sind Stützpunkte für die Missionstätigkeit. 1888 entstand im ehemaligen Domherren-schlößchen Schönleiten das erste Missionshaus der Gemeinschaft in Österreich. Im gleichen Jahr wurde eine Schule eröffnet. Heute führen die Herz-Jesu-Missionare ein Privatgymnasium mit etwa 600 Schülern. Im Missionshaus Liefering ist der Sitz des Provinzials der süddeutsch-österreichischen Ordensprovinz, die Missionsprokura und das Juniorat zur Ausbildung für den Ordensnachwuchs.

Josef Gradl, der Küchenmeister des Missionshauses Liefering, verköstigt die Mitglieder der Gemeinschaft, die Professoren und etwa 400 Schüler. Dabei achtet er bei der Auswahl und Zubereitung der Speisen besonders auf ihre Naturbelassenheit und versucht, den grauen Schüleralltag durch seine kulinarische Kreativität zu verschönen. Viele seiner Rezepte wurden in den »Salzburger Nachrichten« in Kooperation mit dem Salzburger Kochverband veröffentlicht.

PARADEISSALAT MIT MOZZARELLA

6 Fleischparadeiser
50 dag Mozzarella
1 kl. Bund Basilikum
1 P. Brunnkresse

1 kleiner Kopfsalat
Salz, Pfeffer
Olivenöl, Essig

Mozzarella und Paradeiser in dünne Scheiben schneiden, Basilikum waschen, Blättchen fein hacken. Aus Öl und Essig (Verhältnis 2 zu 1), Salz, Pfeffer und Basilikum eine Marinade rühren. Käse und Paradeiserscheiben in eine Schüssel geben und mit der Marinade begießen, so daß alles gut bedeckt ist. Zugedeckt im Kühlschrank ziehen lassen.

Mozzarella und Paradeiser aus der Marinade heben. Kopfsalat und Kresse putzen, waschen, durch die Marinade ziehen und in der Mitte jedes Tellers anrichten. Mozzarella- und Paradeiserscheiben abwechselnd darum kreisförmig anrichten und mit der restlichen Marinade beträufeln.
Dazu wird Franzosenbrot (Stangenweißbrot) gereicht.

BUNTE TRUTHAHNSPIEßE MIT CURRY-SAHNESOßE

4 Truthahnschnitzel
1 mittelgroße Zucchini
2 Zwiebeln
150 g Frühstücksspeck in Scheiben
1 roter Paprika
1 TL Curry

1/8 l Schlagrahm
1/4 l Suppe
Salz, Pfeffer
Öl
etwas Mehl zum Binden

Schnitzel, Zwiebeln, Speck und Paprika in dünne Stücke schneiden. Zucchini in entsprechend große Scheiben schneiden, alles abwechselnd auf Spieße stecken. In einer Pfanne in heißem Öl unter mehrmaligem Wenden

etwa 10 Minuten braten, würzen, herausnehmen und in einer Form warm stellen. Suppe und Sahne in einer Pfanne aufkochen, mit Salz, Pfeffer und Curry abschmecken, leicht binden und über die Spieße gießen.

FLAMBIERTE BANANEN

4 Bananen
5 dag Butter
8 dag Kristallzucker
2 Orangen

1 Zitrone
3 EL Grand Marnier
2 EL Cognac
2 EL Mandelspäne

Orangen und Zitronen auspressen. Mandelspäne hellbraun rösten. Bananen der Länge nach halbieren. Butter mit Zucker in einer Pfanne erhitzen, bis der Zucker aufgelöst ist. Bananen einlegen und hellbraun braten.

Orangenlikör und Cognac zugießen, anzünden und abflammen. Mit Orangen- und Zitronensaft ablöschen. Bananen mit Saft beträufeln und mit gerösteten Mandelspänen bestreuen.

Kloster Maria Loretto
der Töchter der göttlichen Liebe
Wölzing 19
A-9433 St. Andrä im Lavanttal
Kärnten

Im »Paradies Kärntens«, im klimatisch begünstigten Lavanttal entstand 1665 neben der Lorettokirche ein Dominikanerinnenkloster. Zur Zeit der Klosteraufhebungen unter Kaiser Josef II. mußten die Dominikanerinnen 1782 St. Andrä verlassen. 1880 kaufte die Gründerin der heutigen Gemeinschaft, Mutter Franziska Lechner, das baufällige Kloster und ließ es größer und schöner wieder herstellen.

Schon in den ersten Jahren danach eröffneten die Schwestern einen Kindergarten und Schulen. Auch heute sind sie in der Erziehung und Bildung junger Menschen tätig: in Kindergarten, Hauptschule, Internat, Haushaltungsschule und Haushaltungskursen.

Bei so viel professioneller Haushaltung verwundert es nicht, daß Schwester M. Lauretta eine Fülle an Rezepten zur Auswahl anbieten kann:

LAVANTTALER LEBERLAN

Germteig:
300 g Weizenmehl
20 g Germ
½ TL Salz
½ TL gehackter Kümmel
gut ⅛ l Wasser oder Milch

Fülle:
200 g Lunge
200 g Schweinefleisch
100 g Herz
1 TL Salz

1 EL Essig
Wasser
100 g rohe Leber, geschabt
1 Ei
½ TL Salz
50 g Selchspeck, fein gehackt
50 g Zwiebeln, fein gehackt
2 Knoblauchzehen
1 TL Basilikum
1 TL Majoran
1 Schweinsnetz oder 50 g Fett

Aus den genannten Zutaten einen Germteig herstellen, gut aufgehen lassen.

Für die Fülle Lunge, Fleisch und Herz in Salz-Essig-Wasser gar kochen, erkalten lassen und faschieren. Zwiebelwürfel in Speck anrösten und mit der geschabten Leber zum Faschierten geben. Mit Knoblauch, Ei und Gewürzen gut verarbeiten und marillengroße Kugerl daraus formen.

Auf einem bemehlten Brett aus dem Germteig eine ca. 6 cm dicke Rolle formen. 2 cm dicke Scheiben davon abschneiden, diese mit der Hand auseinanderdrücken, mit Füllekugerln belegen und zu Knöderln formen. Die gefüllten Knöderl etwa 30 Minuten rasten lassen, dann locker mit Schweinsnetz überziehen oder auf allen Seiten mit Fett bepinseln. Nebeneinander mit etwas Abstand in ein Reindl setzen und nochmals gehen lassen. Im Rohr bei mittlerer Hitze goldbraun backen.

LAVANTTALER GEMÜSEFLEISCH

70 dag Schweine- oder Rindfleisch in Würfeln
Salz, Pfeffer, Kümmel
Majoran, Paprika, Knoblauch
40 dag Zwiebeln, gewürfelt
Öl
2–3 Karotten, kleingeschnitten

etwas Sellerie, kleingeschnitten
10 dag Erbsen
15 dag Champignons in dicken Scheibchen
10 dag Speck, gewürfelt
etwas Essig, Wein, Rahm und Mehl

Zwiebelwürfel in Öl anrösten, Fleisch zugeben, mit Salz, Pfeffer, Kümmel, Majoran, Paprika und Knoblauch würzen. Einen Eßlöffel Paprika und einen Eßlöffel Mehl mitrösten. Dann mit Essig löschen, Wasser nach Bedarf aufgießen und zugedeckt kochen lassen.

Nach etwa 30 Minuten Karotten, Sellerie, Erbsen, Champignons und Speck zugeben, weitere 30 Minuten kochen. Vor dem Servieren mit Wein verfeinern und mit Mehl und Rahm binden.

REHRÜCKEN »FRÜHAUF«

14 dag Butter
14 dag Staubzucker
14 dag geriebene Nüsse
14 dag Schokolade

5 Eidotter, 5 Eiklar
4 dag Brösel
etwas Backpulver

Butter flaumig rühren, nach und nach Staubzucker und Dotter untermengen. Die Schokolade zerlassen und abkühlen, dann mit den Nüssen zur Schaummasse geben. Eiweiß steif schlagen, die Hälfte davon und die Hälfte

der Brösel unter die Masse mengen, dann den restlichen Eischnee und den Rest der Brösel unterziehen. Teig in eine gefettete, bemehlte Rehrückenform geben und ca. 50 Minuten backen.

Augustiner-Chorherrenstift St. Florian

Stiftstraße 1
A-4490 St. Florian
Oberösterreich

Das Märtyrergrab des heiligen Florian, der hier von der frommen Christin Valeria zur Ruhe gebettet wurde, war die Keimzelle für Kirche und Kloster St. Florian. Während das Grab Valerias in der Krypta erhalten ist, sind die Reliquien des heiligen Florian verschollen. Um 800 wurde ein erstes Kloster gegründet, das 1071 durch den Passauer Bischof Altmann in ein Augustiner-Chorherrenstift umgewandelt wurde. Das Stift entwickelte sich im Mittelalter zu einem geistigen und wirtschaftlichen Mittelpunkt.

Die barocke Klosteranlage und die Stiftskirche Mariä Himmelfahrt wurden durch Carlo Antonio Carlone und Jakob Prandtauer geschaffen. G. Hayberger errichtete später die Bibliothek. Bei Stiftsführungen ist neben den Stiftssammlungen, der Bibliothek und den Kaiserzimmern auch das Bruckner-Zimmer mit dem schlichten Mobiliar des ehemaligen Stiftsorganisten Anton Bruckner zu sehen. Der »Musikant Gottes« ruht unter der Bruckner-Orgel in der Stiftskirche.

Die musikalische Tradition wird durch Orgelkonzerte, musikalische Veranstaltungen und durch den Konvikt der Florianer Sängerknaben fortgeführt.

Die Chorherren sind in der Seelsorge für zahlreiche Pfarreien tätig, arbeiten in Wissenschaft, Kunst und Kultur und betreiben Land- und Forstwirtschaft. Auch Stiftsrestaurant und Klosterladen gehören zum Angebot für die Gäste.

Frau Berta Leitner war lange Jahre Köchin in der Stiftsküche und verbringt nun ihren Ruhestand in St. Florian. Sie erinnert sich an Speisen, die zu festlichen Anlässen gekocht wurden. So gab es den beschriebenen Lungenbraten mit Thronfolgerinnenkartoffeln zum Augustinifest oder zu Neujahr.

FESTTAGS-LUNGENBRATEN
(Filet-, Lendenbraten)

2 Schweinslungen (Filets, Lendenstücke), ca. 750 g
Salz, Pfeffer
Senf zum Bestreichen
Mehl zum Wenden
2 kleine Zwiebeln, etwas Sellerie
einige kleine Karotten
etwas Petersilie

Speck zum Anrösten
Rindssuppe zum Aufgießen
etwas Rahm oder Sauerrahm

zum Spicken:
Zitronenschale, in Stifte geschnitten
Speck, in Keile geschnitten, Knoblauchzehen

Lungenbraten enthäuten, salzen, pfeffern, mit Senf bestreichen und in Mehl wenden. Zum Spicken in das Fleisch mit einem spitzen Messer einschneiden, Zitronenstifte, Speckkeile und halbierte Knoblauchzehen hineinstecken. Gemüse klein schneiden und in etwas Speck anrösten. Gespicktes Fleisch in einem Bräter anbraten, Gemüse zugeben und mit Rindssuppe aufgießen und zudecken.

Im heißem Rohr rosa oder nach Belieben gar braten. Braten herausnehmen und warm stellen, Bratenansatz lösen, Soße mit Gemüse durchpassieren, abschmecken und mit süßem oder saurem Rahm verfeinern. (Nicht mehr kochen, sonst gerinnt die Soße!) Braten in Scheiben schneiden und mit der Soße servieren.
Eine besondere Beilage dazu sind Thronfolgerinnenkartoffeln.

THRONFOLGERINNENKARTOFFELN

¹/₄ l Wasser
1¹/₂ dag Butter
Salz
15 dag Mehl
1 Ei

5 Dotter
80 dag gekochte, passierte Kartoffeln
Salz, Pfeffer, Muskat
Fett zum Ausbacken

Für den Brandteig Wasser, Butter und Salz in einem Topf aufkochen lassen, Mehl hineingeben und den Teig so lange rühren, bis er sich vom Topf löst.
Teig auskühlen lassen, nach und nach Dotter und Ei ein-

rühren, die passierten Kartoffeln untermengen und würzen. Aus dem Teig mit zwei kleinen Löffeln Kugeln formen und in heißem Fett schwimmend backen.

IMPERIALTORTE

8 Dotter
8 Eiklar
8 dag geriebene Nüsse

8 dag feines Mehl
15 dag Kristallzucker
15 dag geriebene Schokolade

Eiklar zu Schnee schlagen, dann 5 dag Zucker nach und nach einrieseln lassen und weiter schlagen. Dotter mit 10 dag Zucker schaumig rühren, Schokolade und

Nüsse unterziehen, Eischnee vorsichtig unterheben. In einer Tortenform bei mäßiger Hitze etwa 40 Minuten backen.

Benediktinerstift St. Paul
A-9470 St. Paul im Lavanttal
Kärnten

Das Benediktinerstift St. Paul erhebt sich auf einem Felshügel im südlichen Lavanttal, der schon Burgberg der Kelten war. Im 11. Jh. saß auf der Burg Lavant die begüterte Gräfin Richardis aus dem bayerischen Geschlecht der Aribonen. Ihr Gemahl, der rheinfränkische Graf Siegfried von Spanheim, begann 1060 mit dem Bau einer St.-Pauls-Kirche. Er starb vor deren Vollendung auf einer Pilgerfahrt und wurde in der Gruft dieser Kirche bestattet.

Sein Sohn, Graf Engelbert I., setzte das Werk der Klostergründung fort und erbat durch seinen Sohn, Engelbert II., vom dem als Reformator bekannten Abt Wilhelm von Hirsau im Schwarzwald Mönche für seine Stiftung. Im Jahre 1091 schenkte Graf Engelbert I. Abt Wezelin, der mit zwölf Mönchen aus Hirsau gekommen war, die Burg Lavant samt Meierhof und verschiedenen Gütern. Der reiche Stifter trat so in die Reihe anderer Grafen und Fürsten, die in dieser Zeit Stamm- und Begräbnisklöster gründeten.

Im 14. und 15. Jh. erlebte das Stift schwere Zeiten durch Brände, Verwüstungen und die Ungarneinfälle. Im 17. Jh. führte Abt Hieronymus Marchstaller (1616–1638) das Kloster zu neuer Blüte und begann den Neu- und Umbau der Klosteranlage. Im Zuge der Klosteraufhebungen durch Kaiser Joseph II. mußten die Mönche 1787 St. Paul verlassen. Kostbare Bücher, Archivalien und Kunstschätze gingen verloren, die Gebäude verfielen. 1809 übernahmen die aus St. Blasien im Schwarzwald vertriebenen Benediktiner das Kloster und begannen mit dem Wiederaufbau. Sie brachten wertvolle Bücher, Handschriften und Kunstgegenstände aus ihrer Heimat mit.

Heute ist das Stift als Stätte der Kultur als »Schatzhaus Kärntens« (mit der romanischen Pfeilerbasilika in Hirsauer Bauform, Stiftsbibliothek und Stiftsmuseum) und mit dem »St. Pauler Kultursommer« (Festmessen, Konzerte, Sommerkurse für Musik) weithin bekannt. Die Benediktiner führen ein Gymnasium und verschiedene Wirtschaftsbetriebe und sind in der Seelsorge tätig.

Frau Mag. Eichwalder aus dem Ausstellungsbüro empfiehlt folgende Klosterspezialitäten:

KRÄUTERSCHNAPS NACH ART DER PATRES VON ST. PAUL

Kalmus, Arnika, Melisse, Wermut, Anis, Wacholder und Minze in Obstler (Obstbrandwein) ansetzen und etwa 1 Woche ziehen lassen. Dann abseihen und in saubere Flaschen abfüllen. Kühl und dunkel lagern.

GÄNSEBRATEN NACH KLOSTERART

1 küchenfertige, mittelgroße, junge Gans
Salz, Pfeffer
¹/₄ l kochendes Wasser

Fülle:
5–6 geschälte, in Würfel geschnittene Äpfel
100 g Schwarzbrotbrösel

2 EL Zucker
1 Messerspitze Zimt
1 Prise Nelkenpulver
3–4 EL grob gehackte Mandeln
3–4 El Rosinen
80 g geschmolzene Butter

Gans innen und außen mit Salz und Pfeffer einreiben. Alle für die Fülle angegebenen Zutaten miteinander vermengen und die Gans damit füllen. Gans zunähen und mit der Brust nach unten in einen Bräter legen. Kochendes Wasser zugießen und die Gans im Bräter zugedeckt etwa 1 Stunde bei 220 Grad braten. Dann Deckel abnehmen, damit die Gans bräunen kann. Falls nötig, überschüssiges Fett abschöpfen und weitere heiße Flüssigkeit zugießen. Gans wenden und öfters mit Bratfett begießen. Nach Ende der Garzeit (insgesamt 2–3 Stunden, nach Größe und Alter der Gans) Gans etwas ruhen lassen, Bratenansatz lösen, Soße abschmecken und nach Belieben binden. Gans in Portionsstücke teilen und mit der Fülle servieren.

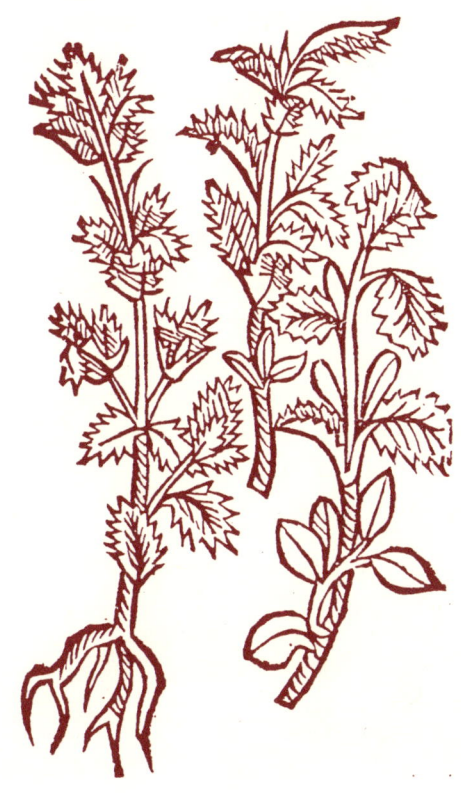

131

Prämonstratenser-Chorherren-Stift Schlägl

A-4160 Schlägl
Mühlviertel/Oberösterreich

Ein überlieferter Dreizeiler faßt die Geschichte des Stiftes Schlägl prägnant zusammen:
»Den Ersten der Tod
Den Zweiten die Not
Den Dritten das Brot«
Kalhoch von Falkenstein, ein Ministeriale des Bischofs von Passau, berief um 1204 Zisterzienser aus Franken in das kaum besiedelte Gebiet des oberen Mühlviertels. Diese erste Gründung scheiterte an den ungünstigen klimatischen und wirtschaftlichen Bedingungen. Im Jahre 1218 gelang es Kalhoch von Falkenstein, Prämonstratenser-Chorherren für seine Stiftung zu gewinnen. Sie ließen sich an einer klimatisch günstigeren Stelle am Ufer der Großen Mühl nieder und wurden auch reicher mit Stiftungsgrund ausgestattet. Durch mühsame Rodungsarbeit mußten sich die ersten Siedler Lebensraum schaffen. So wurde Stift Schlägl mit seinen Rodungspfarren zum Ausgangspunkt für die wirtschaftliche Erschließung der Region. Durch weitere Stiftungen der Falkensteiner und der Rosenberger-Witigonen wurde die Existenz des Klosters gesichert.
Propst Andreas Rieder (1444–1481) ließ Kirche und Kloster im Stil der Gotik neu erbauen. Die Verleihung der Ponitfikalien an Propst Johannes III. 1489 zeugt vom Ansehen des Stiftes in der Kirche. Nach dem monastischen und wirtschaftlichen Niedergang des Stiftes während der Reformationszeit führte Abt Martin Greysing (1627 Propst, 1657 Abt) das Kloster zu einer neuen geistlichen und materiellen Blüte.
Abt Dominik Lebschy (1838–1884) regierte nicht nur in Schlägl erfolgreich, er war von 1861–1868 auch als Landeshauptmann von Oberösterreich tätig. Sein Nachfolger, Norbert Schachinger, wurde 1906 zum Generalabt des Prämonstratenserordens gewählt. Während seiner Amtszeit wurde das Kloster als »Plaga nobilis«, das »vornehme Schlägl« bezeichnet. Der Komplex des Stiftsgebäudes spiegelt Geschichte und Stilrichtungen der Jahrhunderte wider, die seit der Gründung vergangen sind. Neben der Stiftskirche mit der romanischen Krypta ziehen die Schauräume im Osttrakt des Hauses die Besucher an: Gemäldegalerie, Porträtgalerie, Bibliothek und der Kapitelsaal mit wechselnden Ausstellungen.
Die Chorherren aus Schlägl sind auch heute in der Seelsorge in zahlreichen Pfarreien, in der außerordentlichen Seelsorge, im Unterricht und in wissenschaftlichen Bereichen tätig. Das Kloster veranstaltet Exerzitien und Glaubenswochenenden für Jugendliche. Daneben ist das Stift mit seinem Bildungsheim Gastgeber für Kurse verschiedener Art. Seit über 400 Jahren wird in Österreichs einziger Stiftsbrauerei »Schlägl Bier« gebraut. Die Schlägler Bierspezialitäten gibt es natürlich auch im Stiftskeller zu kosten.
Der Chefkoch Alois Schaubmayr, verwöhnt die Chorherren gelegentlich mit folgenden Gerichten:

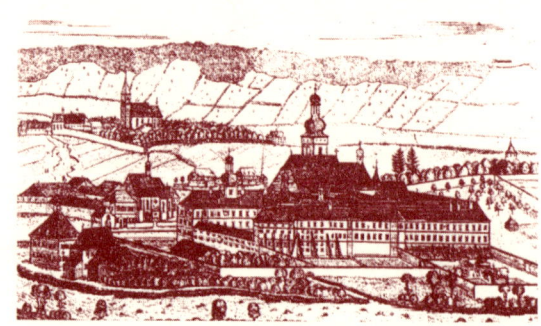

Versüßtes Fegefeuer

½ l Schlägler Abtei Pils
⅛ l Weinbrand
⅛ l Schlagobers

1 EL Brombeersaft
Zitronenscheiben
etwas lösliches Kaffeepulver

Bier mit dem Weinbrand mischen, Obers und Brombeersaft unterziehen, das Getränk in Gläser füllen und

auf jedes Glas eine mit Kaffeepulver bestreute Zitronenscheibe setzen. Eiskalt servieren.

Rehkoteletts im Blätterteig

8 Rehkoteletts (à 7 dag)
Salz, Pfeffer, Muskat
6 EL Olivenöl
15 dag Butter
7 dag Zwiebeln, fein gehackt
30 dag Pilze (Champignons, Steinpilze, Eierschwammerl), gehackt oder in Scheibchen geschnitten
Petersilie, fein gehackt
4 Eigelb
80 dag Blätterteig

Sauce:
10 dag Sellerie, klein geschnitten
8 dag Karotten, klein geschnitten
8 dag Zwiebeln, fein gewürfelt
4 dag geräucherter Speck, fein gewürfelt
etwas Öl
ca. ¼ l trockener Rotwein
8 Wacholderbeeren
1–2 Lorbeerblätter
3 cl Gin
2 Orangen

Rehkoteletts zuputzen (sauber zuschneiden), würzen, in Olivenöl kurz anbraten. Pilze, Zwiebeln und Petersilie in Butter anschwitzen, mit Salz, Pfeffer und Muskat würzen und auskühlen lassen. Masse mit Eigelb binden. Blätterteig ausrollen, Pilzmasse darauf verteilen. Kleine Teigplatten abschneiden, Rehkoteletts darauflegen und einzeln in den Blätterteig einschlagen. Mit etwas Ei bestreichen und im Rohr bei 200–220 Grad ca. 12–15 Minuten backen.

Für die Sauce Fleischreste (Zugeputztes) mit Sellerie, Karotten, Zwiebeln und Speck in etwas Öl rösten, mit Rotwein ablöschen, Wacholderbeeren und Lorbeerblätter zugeben und ca. 2 Stunden köcheln lassen. Sauce passieren, Orangen schälen und filetieren, Saft mit Gin einkochen und der Sauce beimengen. Mit Obers verfeinern und abschmecken.

Schlägler Chorherren-Schnitzel

4 Kalbsschnitzel
Salz, Pfeffer, Aromat
Öl oder Butter
8 dünne Scheiben Speck

Apfelscheiben
Preiselbeeren
Käse (Chorherrenkäse)
4 Eier

Kalbsschnitzel in Öl oder Butter anbraten, würzen, je zwei Scheiben angebratenen Speck darauflegen. Apfelscheiben darauf verteilen, Preiselbeeren darauf setzen,

mit Käse belegen und im Rohr überbacken. Spiegeleier braten und mit den überbackenen Schnitzeln servieren.

Zisterzienserstift Schlierbach

A-4553 Schlierbach 1
Oberösterreich

Das Stift Schlierbach wurde 1355 als Zisterzienserinnenkloster gegründet. Nach dem Eindringen der lutherischen Reformation nach Oberösterreich wurde es 1556 aufgelöst. Auf Betreiben des Generalabtes des Zisterzienserordens bemühte sich das Stift Rein um die Rückgewinnung Schlierbachs für den Orden. Kaiser Ferdinand II. ermöglichte 1620 die Neubegründung als Mönchskloster. Die schwierige Aufgabe der Neubesiedlung übernahm der langjährige Prior von Rein.

Im Barock wurde die gesamte Klosteranlage durch die Carlone-Familie neu gebaut und die Kirche besonders reich geschmückt. Sehenswert sind auch der Bernardisaal, ein typisch barocker Kaisersaal, und die Bibliothek, ein kreuzförmiger Bau mit Hängekuppel und prachtvoller Ausstattung.

Eine vielbeachtete Sehenswürdigkeit ist die überlebensgroße Schlierbacher Madonna aus dem 14. Jh., die immer im Mittelpunkt der Andacht stand.

Die Aufgaben des Klosters liegen heute in der Pfarrseelsorge, der Arbeit im Stifsgymnasium, der Volksbildung, der Kulturpflege und der Erhaltung der baulichen Kulturwerte des Stiftes. Das Zisterzienserstift hat die erste österreichische Schaukäserei eingerichtet und verarbeitet Milch aus der Region zu verschiedenen Käsesorten. In der Schlierbacher Glasmalerei wird uraltes Kunsthandwerk gepflegt. Kulinarisches gibt es im Verkaufsraum der Käserei und im Stiftskeller.

Im Stiftskeller empfiehlt Josef Neumair selbstverständlich Gerichte aus Schlierbacher Käse:

Schlierbacher Käserahmsuppe
(6 Portionen)

12 dag Speck, fein geschnitten
10 dag Zwiebeln, fein gewürfelt
etwas Butter
6 dag Mehl
0,2 l Milch

1,2 l kalte Rindssuppe
etwas Knoblauch
22 dag reifer Schlierbacher Schloßkäse 55%
etwas Süß- und Sauerrahm

Speck und Zwiebeln in der heißen Butter goldgelb rösten, mit Mehl stauben und mit Milch und Rindssuppe aufgießen. Knoblauch zugeben und Schlierbacher Schloßkäse einkochen. Abschmecken und mit Süß- und Sauerrahm vollenden. Mit Schwarzbrotwürfeln, Obershaube und frischer Kresse servieren.

Stiftskeller-Käselaibchen
(6 Portionen)

25 dag Rimon
25 dag Bergbaron
25 dag Traunseer Raclette
12 dag Zwiebeln, fein geschnitten
10 dag Haferflocken
6 dag gehackte Sonnenblumenkerne

4–5 Eier
1–2 EL Kräuter (Petersilie, Kerbel, Kresse, Schnittlauch, Sauerampfer)
Salz, Muskat, Knoblauch
Fett zum Backen

Die drei Käsesorten grob reiben oder in dünne Streifen schneiden, Zwiebelwürfel leicht anrösten. Käse, Zwiebeln, Haferflocken, Sonnenblumenkerne, Eier und Kräuter gut miteinander verrühren. Mit den Gewürzen abschmecken, zu Laibchen formen und diese in wenig Fett vorsichtig backen.
Dazu passen Salzkartofferl und Kräuterjoghurt.

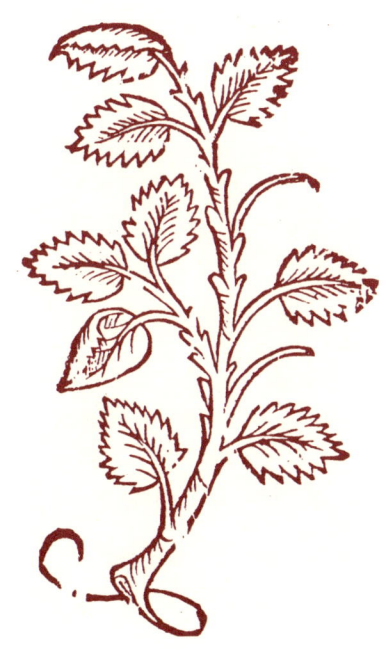

Benediktinerabtei Seckau
A-8732 Seckau
Obersteiermark

Adalram von Waldeck gründete 1140 ein Augustiner-Chorherrenstift in St. Marein, das zwei Jahre später auf die Hochebene von Seckau verlegt wurde.

Bischof Hartmann von Brixen weihte 1164 die romanische Stiftskirche, die 1218 auch Domkirche wurde, nachdem das Erzbistum Salzburg in Seckau ein Diözesanbistum gegründet hatte. Daneben bestand bis 1491 ein Chorfrauenkloster, das für seine Mal- und Schreibschule berühmt war. Kaiser Joseph II. hob 1782 das Chorherrenstift auf und verlegte den Sitz der Diözese nach Graz. Die Stiftsanlage verfiel, Kunstschätze und Bücher wurden verschleppt.

Die Beuroner Benediktiner erwarben 1883 das Klostergebäude und bewahrten es vor dem völligen Ruin. Die Abtei wurde 1940–1945 nochmals aufgehoben. Danach kehrten die Mönche zurück und eröffneten das Gymnasium wieder.

Heute sind die Benediktiner seelsorgerisch tätig, führen das Abteigymnasium mit Internat und Tagesheimschule, bieten Ferienschule und Sprachcamp an. Eine Seckauer Besonderheit: In der Freizeit können die jungen Menschen neben der theoretischen Bildung ein Handwerk erlernen, etwa das des Goldschmieds. Die Abtei ist für die Pflege der Goldschmiedekunst bekannt.

Sehenswert ist die nach genauen Proportionen gestaltete romanische Basilika. Sie erhielt um 1500 ein spätgotisches Netzgewölbe, birgt das Seckauer Gnadenbild und Kunstschätze verschiedener Stilepochen.

Zur Einkehr lädt der »Hofwirt« ein, der klostereigene, stilgerecht renovierte barocke Gasthof. Literatur und Seckauer Klosterspezialitäten, wie klare Edelbrände, Zwieback und Kräutertees gibt es im Klosterladen zu kaufen.

Der Küchenchef des Stiftes, Harald Neubauer, gewährt Einblick in die Geheimnisse seiner Kochkunst:

Welsfilet in der Sesamkruste, dazu Kräutersauce

600 g frisches Welsfilet
Meersalz, weißer Pfeffer
Sesamkörner für die Kruste
Öl zum Backen

Kräutersauce:
50 g Schalotten oder Zwiebeln, fein gehackt
20 g Butter
1 EL Majoran, frisch gehackt
1 EL Petersilie, frisch gehackt

1 EL Salbei, frisch gehackt
20 g Vollmehl
4 cl Weißwein
¼ l Milch
1 TL Paprikapulver
2 Zehen Knoblauch
Salz, Pfeffer
4 EL Sauerrahm
nach Belieben bunte Paprikawürfel

Welsfilet portionieren, salzen, pfeffern und in Sesamkörnern wenden. Diese auf beiden Seiten der Welsstücke gut andrücken. Fisch mit der Hautseite nach oben in eine Pfanne mit reichlich heißem Öl geben, rasch anbraten und wenden. Zum Fertiggaren 6–8 Minuten in das auf 200 Grad vorgeheizte Backrohr geben.

Für die Sauce Zwiebelwürfel in der heißen Butter glasig rösten, Kräuter kurz mitrösten, mit Mehl stauben und mit Weißwein ablöschen. Wenn der Wein verkocht ist, Milch aufgießen (nicht vorher, sonst gerinnt die Milch). Soße mit Paprikapulver, Knoblauch, Salz und Pfeffer würzen. Vor dem Servieren Sauerrahm unterrühren, nicht mehr kochen lassen. Nach Belieben bunte Paprikawürfel in die Sauce geben und zu den Welsfilets servieren.

Harald Neubauer reicht dazu Zündholzkartoffeln und Broccoli.

RINDERROULADE VOM SECKAUER ALMOCHSEN

4 Rinderschnitzel aus der Schale (je 200 g)
200 g Topfen
50 g Karotten, fein gerieben
50 g Semmelbrösel
Salz, Pfeffer, Majoran, Senf

1 Knoblauchzehe
40 g Öl
20 g Mehl
¹/₄ l Most
50 g Sauerrahm

Rinderschnitzel dünn klopfen. Topfen, Karotten, Semmelbrösel und Gewürze verrühren. Schnitzel salzen und pfeffern, mit der Topfenmasse auf einer Seite gleichmäßig bestreichen und rechts und links einschlagen. Schnitzel aufrollen, auf einen Holzspieß stecken und in heißem Öl rasch anbraten. Mit Mehl stauben, mit Most ablöschen und ca. 45 Minuten zugedeckt dünsten. Vor dem Servieren Rouladen aus der Soße nehmen und in kleine Scheiben schneiden. Soße mit Sauerrahm verfeinern, Rouladenscheiben auf der Soße anrichten.

Dazu paßt ein Serviettenknödel mit Dörrzwetschkenstücken.

138

SAUERRAHMDALKEN AUF FEIGEN-PFLAUMEN-RAGOUT

runde Keksausstecher (8–10 cm)
120 g Mehl
4 Eidotter
160 g Sauerrahm
4 Eiweiß
80 g Zucker
1 TL Vanillezucker
40 g Butter

Feigen-Pflaumen-Ragout:
¹/₂ l schwerer Rotwein (Burgunder)
4 EL Honig
1 Zimtstange
1 TL Gewürznelken
Schale einer unbehandelten Orange
1 Messerspitze geriebener Ingwer
2 Stück Feigen in Spalten
4 Stück Pflaumen, geviertelt

Mehl mit Eidottern und Sauerrahm gut verrühren. Eiweiß mit Zucker und Vanillezucker steif schlagen und unter die Dottermasse heben. Butter in einer Pfanne (nicht haftender Boden) zerlassen, runde Keksausstecher (ca. 8–10 cm) befetten und in die Pfanne stellen. Die Masse in die Ausstecher füllen und vorsichtig goldgelb backen, bis sie zu stocken beginnt. Ausstecher entfernen, Dalken wenden und fertig backen.

Für das Feigen-Pflaumen-Ragout Rotwein mit Honig, Zimtstange, Nelken, Orangenschale und Ingwer auf 0,2 l einkochen lassen. Abseihen, Feigenspalten und Pflaumenviertel in dem Fond kurz aufkochen lassen, dann warm mit den Dalken anrichten.

Benediktinerstift Seitenstetten
Am Klosterberg 1
A-3353 Seitenstetten
Niederösterreich

Der Edelfreie Udalschalk stiftete 1112 seinen gesamten Erbbesitz in Seitenstetten, Grünbach, Heft und Stille für ein Kloster zu Ehren der Gottesmutter. 1114 zogen Benediktinermönche aus Göttweig ein, zwei Jahre später wurde die erste Stiftskirche von Bischof Ulrich von Passau, einem Verwandten Udalschalks, geweiht. Aus dieser Zeit ist noch die romanische Ritterkapelle erhalten. Die frühgotische Stiftskirche wurde um 1300 vollendet. Im Barock wurde sie mit Stuck und Gewölbebemalung ausgestattet und erhielt 1700 eine prachtvolle schwarz-goldene Einrichtung.

Das Stift nahm seit der Gegenreformation einen gewaltigen Aufschwung, der sich im mächtigen barocken Stiftsbau (Josef Munggenast, Johann Gotthard Hayberger) widerspiegelt. Prunkvoll ist die Ausstattung mit Deckenfresken von Paul Troger im Marmorsaal und in der Bibliothek, mit dem Deckenfresko von Bartolomeo Altomonte im Stiegenhaus und mit Ölbildern vom Kremser Schmidt im Maturasaal und im Sommerrefektorium. Lange währt die Schultradition des Stiftes, das heute ein humanistisches und neusprachliches Gymnasium führt. Zu Kursen, Tagungen, Exerzitien oder zur Erholung sind Gäste im Stift willkommen.

Die Mönche in Seitenstetten wirkten nicht nur in Seelsorge, Kultur und Wissenschaft, sie waren von jeher Pfleger der Mostviertler Landschaft.

Im Klostergarten von Seitenstetten wurde bereits 1621 die Kartoffel als Nutzpflanze gezogen. Hier verflechten sich Wissenschaft und kulinarische Kultur: Der Stiftsarchivar, Pater Benedikt, entdeckte zwei Rezepte für Erdäpfelspeisen aus dem Jahre 1621 in der Bibliothek und stellt diese Raritäten ersten Ranges zum Abdruck und in »Übersetzung« zur Verfügung.

Pater Benedikt erläutert:

»Sie (die Rezepte) finden sich in der *Nova typis transacta navigatio, einer lateinischen Beschreibung der zweiten Reise des Christoph Columbus nach Amerika im Jahre 1493.* Das Werk erschien laut Angabe auf dem Titelblatt 1621. Der Verfasser nennt sich Honorius Philoponus und gibt sich als Benediktiner von Seitenstetten zu erkennen. Wahrscheinlich ist es niemand anderer als der damalige Abt von Seitenstetten namens Kaspar Plautz (1610–1627).

Das Buch befaßt sich nicht nur mit der angegebenen Reise, sondern enthält auch viel Interessantes über Land und Leute in der Neuen Welt. Es ist mit Kupferstichen des Augsburgers Wolf Kilian illustriert. Zwei dieser Stiche stellen Pflanzen in Amerika dar, die in Europa nicht einheimisch waren.«

NEC PONAM INIMICOS TVOS SCABELLV PEDV TVORVM.

S. BRANDANVS

BVEL. CATALONVS

NOVA TYPIS
TRANSACTA NA_
VIGATIO.

Novi Orbis Indiæ Occi-
dentalis

ADMODVM RE-
VERENDISSIMORVM Pp.
ac FF. Reverendissimi ac Illustrissimi Domini,
Dn. BVELLII CATALONI Abbatis montis
Serrati, & in vniversam Americam, sive Novum
Orbem Sacræ Sedis Apostolicæ Romanæ à Latere
Legati. Vicarij, ac Patriarchæ: Sociorumq, Mo-
nachorum ex Ordine S.P.N. Benedicti ad suprà
dicti Novi Mundi barbaras gentes Christi S.Evan-
gelium prædicandi gratia delegatorum Sacerdo-
tum. Dimissi per S.DD. Papam Alexandrum
VI. Anno Christi. 1492.

NVNC PRIMVM
E varijs Scriptoribus in vnum collc-
cta & figuris ornata.

AVTHORE
Venerando Fr. Den HONORIO PHILOPONO
Ordinis S. Benedicti Monacho. 1621.

India

America

Plus

Vltra

Der Kupferstich der Tafel 9 stellt »unter dem Namen Papas Indorum eindeutig eine Kartoffelpflanze samt Wurzelstock und dazu noch im Detail Knolle, Früchte, Samen und Blüten dieser Pflanze dar. Auf S. 53, gerade gegenüber der Tafel 9, weiß der Verfasser zu berichten, daß sich die Inselbewohner aus sehr guten, wohlschmeckenden und eßbaren Wurzeln Brot und Trunk bereiteten. An erster Stelle nennt er die Bananas oder Ananas, die ebenfalls auf Tafel 9 zu sehen sind. Dann geht er viel ausführlicher auf die Papas ein. Eine Menge davon habe der Abt von Seitenstetten, also Kaspar Plautz, durch einen belgischen Gärtner aus Antwerpen erhalten und im Klostergarten von Seitenstetten angesetzt. Darauf beschreibt der Verfasser die Kartoffelpflanze und geht schließlich auch auf ihre Knollen ein. Hier fügt er nun folgende zwei Rezepte an:

Papas Indorum germen, radix, caudex. et fructus.

›Diese Knollen dienen zu einer sehr köstlichen Speise, wenn du sie auf folgende Weise zubereitest:
Siede diese Rapas oder Papas in gewöhnlichem Wasser oder wickle sie in Papier und brate sie in Asche, bis sie weich werden; dann ziehe ihre rote Haut ab. Wasche es dann rein; dann erhältst du ein sehr weißes Fleisch. Zerstoße es dann und mische etwas Zucker und Rosenwasser sowie Zimtgewürz bei. Füge noch Butter hinzu, backe es, und wenn du es in Mehl einschließest, dann hast du eine Torte oder ein Bescheidessen von königlichem Geschmack.‹

Unklar ist an diesem Rezept nur der Ausdruck: ›si farinae incluseris = wenn du es in Mehl einschließest‹.« meint Pater Benedikt.

Ist dies als Vermengen und Verkneten mit etwas Mehl zu verstehen, so ist dies wohl das Rezept für eine der ersten Kartoffeltorten; das Panieren in Mehl ergibt süße Kartoffelpätzchen oder -puffer, die dann in Fett gebacken werden müßten.«

Pater Benedikt stellt auch das zweite Rezept und eine medizinische Anwendung vor:

»Salat kannst du aber aus den Knollen auf folgende Weise herstellen: Nimm diese Bacaras oder Papas, reinige sie, koche sie weich und schneide sie in Scheiben. Füge Öl, Essig, Pfeffer, Salz oder Zucker hinzu und koste!«

»Wenn du magersüchtige Menschen oder Schwindsüchtige heilen und dick machen willst, dann reinige diese Papas und koche sie mit dem Fleisch von Kapaunen, Hennen oder Hammeln. Suppe und Brühe davon bilden eine sehr nützliche und heilsame Nahrung.«

Einem vielseitig interessierten und gebildeten Mönch ist es also zu danken, daß beim Abfassen einer lateinischen Reisebeschreibung die zu schildernden fremdartigen Früchte nicht nur im Klostergarten angebaut wurden, sondern daß in diesem Sonderfall auch die nützliche Verwendung in der Klosterküche erprobt und festgehalten wurde. Pater Benedikt ist die Übersetzung aus dem Lateinischen und die Kommentierung zu verdanken.

Kongregation der Schulschwestern von Vöcklabruck

Salzburger Straße 18
A-4840 Vöcklabruck
Oberösterreich

Wegweiser und Vorbild der Gemeinschaft der Schulschwestern ist der heilige Franz von Assisi, Ordensgründer ist der Priester Sebastian Schwarz, der 1850 die Kongregation in Vöcklabruck ins Leben rief. Von Beginn an wirkten die Schwestern in erzieherischen, pflegenden, sozialen und pastoralen Bereichen. Durch den Dienst am Menschen in sehr vielfältigen Einsatzbereichen wollen die Schwestern Gott dienen.
Schwester Fridolina empfiehlt Spinatomeletten für die gesunde Küche und »Fürstliche Weincremeschnitten« für Leckermäuler.

FÜRSTLICHE WEINCREMESCHNITTEN

Kuchenboden:
25 dag Zucker
5 Eier
⅛ l Wasser
⅛ l Öl
22 dag Mehl
2 Messerspitzen Backpulver
2 dag Kakao
1 P. Vanillezucker
Marmelade zum Bestreichen

Biskuitroulade:
6 Eier
20 dag Zucker
18 dag Mehl
Vanillezucker
Marmelade zum Füllen

Weincreme:
3 Eidotter
¼ l Weißwein
10 dag Zucker
6 Blatt Gelatine
¼ l Obers

Für den Kuchenboden Eier trennen, Eiweiß zu steifem Schnee schlagen. Zucker mit Dottern, Wasser und Öl schaumig schlagen. Mehl, Backpulver und Kakao mischen und zur Schaummasse geben. Eischnee vorsichtig unterziehen. Teig auf einem gefetteten, bemehlten Blech bei Mittelhitze etwa 25 Minuten backen.
Für die Biskuitroulade Eier, Zucker und Vanillezucker schaumig schlagen, Mehl unterziehen. Roulade backen und mit Marmelade füllen. Nach dem Auskühlen in dünne Scheiben schneiden.

Für die Weincreme die angegebenen Zutaten über Dunst schlagen, dann abkühlen lassen. Gelatine auflösen und einrühren, geschlagenen Obers unterziehen.
Den braunen Boden mit Marmelade bestreichen, Weincreme darauf verteilen und mit den dünnen Rouladenscheiben belegen. Nach Belieben mit Tortengelee (Guß) bestreichen, in Schnitten teilen und mit Schlagoberstupfen verzieren.

50 dag Spinat
20 dag Mehl
³/₈ l Milch
3 Eier

Öl
2 Messerspitzen Backpulver
Salz, Pfeffer, Muskatnuß
Fett zum Backen

Eier trennen, Eiweiß zu Schnee schlagen. Spinat kochen und auf einem Sieb abtropfen lassen. Grob hacken und mit Salz, Pfeffer und Muskatnuß würzen. Aus Mehl, Backpulver, Milch und Salz einen glatten Teig bereiten, Dotter und Öl unterrühren. Den gewürzten Spinat vorsichtig einmengen und den Eischnee unterziehen. In einer Pfanne Fett erhitzen, den Teig in Portionen eingießen, anbacken lassen, wenden und von der anderen Seite fertig backen. Omeletten einmal zusammenschlagen und mit beliebigem Salat servieren.

Dominikaner-Konvent
Postgasse 4
A-1010 Wien

Das Dominikanerkloster wurde 1226 direkt an der alten Stadtmauer Wiens, am Stubentor, gegründet. Die heutige Kirche stammt aus der Mitte des 17. Jahrhunderts. Sie ist nach dem Vorbild von »Il Gesù« in Rom errichtet und besitzt zahlreiche Seitenkapellen. Pater Clemens erläutert: »Die Fassade der Kirche ist typisch barock, das Innere wirkt für den Betrachter überaus prunkvoll mit den vielen Statuen der Heiligen des Predigerordens. 1927 wurde die Kirche zur ›Basilika minor‹ erhoben und führt seitdem den Titel ›Maria Rotunda‹. Die Anfänge des ›Dritten Ordens‹ des hl. Dominikus gehen bis ins 13. Jahrhundert zurück. Bereits im 15. Jahrhundert war der Dominikanerorden (in Wien) religiös-pastoral tätig, einerseits durch die Gründung der Rosenkranzbruderschaft, andererseits durch die Führung vieler Wallfahrten nach Mariazell.«
Die »Küchenverantwortlichen« aus dem Dominikaner-Konvent, Pater Clemens und Frau Edeltraud Harter, geben mit folgenden Gerichten Einblick in die Klosterküche und kochen eine Fastensuppe, die nicht nur in der Fastenzeit schmeckt! Die Mengenangaben sind für 4–6 Personen gedacht.

DOMINIKANER-FASTENSUPPE

1 l Wasser
2 Karotten
½ Sellerie
etwas Kohl
¼ Karfiolrose

100 g Fusilli (Nudeln)
30 g Rollgerste
50 g weiße Bohnen
30 g fein gemahlenes Dinkelmehl

Karotten, Sellerie, Kohl und Karfiol waschen, putzen und grob schneiden, dann in der angegebenen Wassermenge kochen. Fusilli, Rollgerste und weiße Bohnen getrennt davon weichkochen und zur Gemüsesuppe geben. Mit Dinkelmehl binden. Nach Belieben mit Kräutern und Salz abschmecken.

200 g Grünkernschrot (¹/₃ fein, ²/₃ grob gemahlen)
¹/₂ l Wasser
1 EL klare, pflanzliche Suppenwürze
1 Prise Thymian
1 Prise Majoran
2 Lorbeerblätter

70 g Butter
150 g Lauch, klein geschnitten
1–2 Eier
1 EL gehackte Petersilie
nach Bedarf Sojamehl zum Binden
Fett zum Backen

Grünkernschrot mit Suppenwürze und Kräutern im Wasser aufkochen und 15 Minuten quellen lassen. Danach Lorbeerblätter entfernen. Lauch in der heißen Butter andünsten, etwas abkühlen lassen und zur Grünkernmasse geben. Eier und nach Bedarf Sojamehl zufügen, alles gut vermengen und die Masse zu kleinen Laibchen formen. In wenig Fett langsam backen oder am Grill braten.

Dazu reichen die »Dominikanerköche« Dillkartoffeln, Rahmchampignons oder Parikagemüse.

Kollegium Kalksburg

der Gesellschaft Jesu
Promenadeweg 3
A-1230 Wien

Mit Unterstützung durch Kaiser Franz Josef I. und Kardinal Rauscher wurde das Kolleg mit Schule 1856 gegründet.

Unter der Tägerschaft der »Vereinigung von Ordensschulen Österreichs« führt das Kollegium Kalksburg ein Gymnasium, Realgymnasium und neuerdings auch eine Volksschule in Verbindung mit einem Tagesinternat.

Herr Christian Gerhard kocht für Lehrer und Schüler, Präfekten und Angestellte und legt dabei großen Wert auf gesunde Küche.

GEBRATENER KÜRBISPUFFER MIT SCHAFSKÄSE AUF TOMATENRAGOUT

1 kg Kürbis
30 dag mehlige Erdäpfel
Meersalz
4–6 EL Dinkelmehl
25 dag Schafskäse
3 Eier
2 EL Kürbiskerne
1 große Zwiebel
Dill nach Geschmack
Knoblauch

Pfeffer
Olivenöl zum Braten

Tomatenragout:
4 Fleischtomaten
1/2 Zwiebel
etwas Knoblauch
Salz, Zucker, Pfeffer,
Basilikum, Oregano, Rosmarin

Erdäpfel schälen, Kürbis entkernen und schälen. Mit den Erdäpfeln raspeln, salzen und Saft ziehen lassen, dann auspressen. Mehl, verquirlte Eier, gehackte Zwiebel, Kürbiskerne und grob geriebenen Käse dazugeben und gut vermengen. Mit Dill, Knoblauch und Pfeffer würzen. Aus der Masse mit dem Löffel kleine Laibchen formen und in Olivenöl goldbraun braten.

Für das Tomatenragout Fleischtomaten schälen, entkernen, grob würfeln und mit Zwiebel und Knoblauch etwas ansautieren. Mit Salz, Zucker, Pfeffer, Basilikum, Oregano und Rosmarin würzen.
Kürbispuffer mit einem Löffel Tomatenragout anrichten, mit zerbröseltem Schafskäse bestreuen und mit Dillzweigen garnieren.

TOPFEN-MARONI-KNÖDEL
MIT WALNUßBRÖSELN AUF KIRSCHENRÖSTER

Topfenteig:
35 dag Topfen
5 dag Butter
1 TL Staubzucker
2 große Eier
9 dag geriebenes Weißbrot
Vanille-Zitro-Aroma

Fülle:
7,5 dag Topfen
2,5 dag Butter

5 dag Maronipüree
3 dag geriebenes Weißbrot
Walnußbrösel, Zucker, Zimt zum Schwenken

Kirschenröster:
35 dag Kirschen, entkernt
9 dag Zucker
2 cl Kirschenbrand
2 cl Amaretto
$^1/_{16}$ l Rotwein
etwas Stärkemehl oder Vanillepuddingpulver

Butter mit Staubzucker schaumig rühren, abwechselnd Eier und Topfen einrühren. Weißbrot untermengen, mit Aroma abschmecken. Für die Fülle Butter schaumig rühren, Topfen untermengen, Maronipüree und Weißbrot unterrühren, alles etwa 1 Stunde rasten lassen. Aus dem Topfenteig Knödel formen, Fülle in die Mitte geben, Knödel rund nachformen und 15 Minuten in Salzwasser leicht sieden.

Die abgetropften Knödel vor dem Servieren in Walnußbröseln mit Zucker und Zimt schwenken.
Für den Kirschenröster Kirschen in einem Topf mit Zucker, Kirschenbrand, Amaretto und Rotwein erhitzen. Etwa 8 Minuten einkochen lassen, dann mit etwas Stärkemehl oder Vanillepuddingpulver binden.

Zisterzienserstift Zwettl
A-3910 Stift Zwettl
Niederösterreich

Der Kuenringer Hadmar I. gründete 1137 im damals noch unzugänglichen Nordwald das Stift Zwettl, das durch Zisterziensermönche der Abtei Heiligenkreuz im Wienerwald besiedelt wurde. Die erste Kirche weihte 1159 Bischof Konrad II. von Passau. Der Neubau der Stiftskirche im 14. Jahrhundert ist Zeugnis für die erste große Blütezeit des Klosters und die unermüdliche Bautätigkeit. Die rege wissenschaftliche Tätigkeit des Klosters im Mittelalter und das bedeutende Scriptorium sorgten für ein rasches Anwachsen des Bücherbestandes.

Nach den Wirren der Hussitenzeit und der Reformation zeigte sich ein neuer Aufschwung im monastischen Leben, der sich nicht nur in Wissenschaft, Kunst und Dichtung bemerkbar machte, sondern auch in der barocken Umgestaltung der Klostergebäude.

Besonders sehenswert sind der Kapitelsaal, der Kreuzgang (1160–1230), das Dormitorium als älteste noch erhaltene Schlafhalle auf deutschem Boden und die gotische Stiftskirche mit ihrer Barockeinrichtung. Zu den Besonderheiten der Barockarchitektur im Stift Zwettl gehören auch die prachtvolle eintürmige Westfassade der Stiftskirche und der eindrucksvolle Abteihof.

Zum Angebot für Gäste gehört das Bildungshaus, die Stiftstaverne und der Klosterladen.

Grete Neuwiesinger aus der Zwettler Stiftsküche kocht Speisen, die für die Region Waldviertel typisch sind:

KARPFEN AUF SERBISCHE ART

2 Karpfenfilets
Salz, Mehl
Öl

Marinade:
1/8 l Öl
4 Zehen Knoblauch, fein zerdrückt
2 TL Paprika

Knoblauchbutter:
8 dag Butter
4 Zehen Knoblauch
Salz, Pfeffer
fein gehackte Petersilie
Zitronensaft

Die portionierten Karpfenfilets in eine flache Form schichten, mit der Marinade aus Öl, Paprika und Knoblauch übergießen, eventuell beschweren und einige Stunden ziehen lassen.

Für die Knoblauchbutter die weiche Butter mit den fein zerdrückten Knoblauchzehen, Salz, Pfeffer, Petersilie und Zitronensaft verrühren. Zu einer Rolle formen und kaltstellen.

Fisch aus der Marinade heben, gut abtropfen lassen, salzen, in Mehl wenden und langsam in Öl braten. Den gebratenen Fisch mit einem Stück Knoblauchbutter anrichten.

ZWETTLER BIERFLEISCH

60 dag Rindfleisch, in Würfel geschnitten
40 dag Zwiebeln, gewürfelt
2 EL Fett zum Anbraten
4 Knoblauchzehen
2 EL Paradeismark
4 EL Brösel aus altbackenem Brot

einige Kapern
Salz, Pfeffer, Kümmel
etwa ¼ l Rindssuppe
¼ l Bier
4 EL Rahm
1–2 EL gehackte Petersilie

Zwiebelwürfel im heißen Fett rösten, Fleisch anbraten. Knoblauch und Brösel zugeben und mit Rindssuppe und Bier aufgießen. Mit Kapern, Salz, Pfeffer und Küm- mel würzen, fertig schmoren und vor dem Servieren mit Rahm und Petersilie verfeinern.

GEBACKENE MOHNKNÖDEL

50 dag glattes Mehl
1 TL Backpulver
Salz
30 dag mehlige, gekochte, geriebene Kartoffeln
30 dag Butter
2 Eier
2 EL Rahm

Fülle:
20 dag gemahlener Mohn
20 dag Zucker
etwas Honig
10 dag Butter
1 P. Vanillezucker
etwas Zimt und Rum

Aus den angegebenen Zutaten einen Kartoffelteig berei- ten.
Für die Fülle die Butter erhitzen und die übrigen Zutaten beimengen, dann erkalten lassen. Aus dem Kartoffelteig eine Rolle formen und gleich große Stücke abschneiden.

Mit kalter Mohnfülle belegen, zu Knödeln formen, flach- drücken und mit der Verschlußstelle nach unten auf das gefettete Backblech setzen. Auf jeder Seite ca. 15 Minu- ten bei 200 Grad backen.

Frauenkloster St. Karl
der Franziskanerinnen
CH-6460 Altdorf
Kanton Uri

In Altdorf, dem Hauptort des Kantons Uri, ist Wilhelm Tell durch das Telldenkmal und die Aufführung von Tell-Spielen gegenwärtig, da hier der Apfelschuß erfolgte.

Altdorf ist heute geprägt durch die Bauten aus der Zeit nach dem Brand von 1799, als ein Föhnsturm ein verheerendes Feuer verbreitete. Das Kloster St. Karl wurde 1677 gegründet. Es ist eines der wenigen Gebäude, die vom Feuer 1799 verschont blieben.

Im Kloster der Franziskanerinnen betreut Schwester Aloisia nicht nur die Küche, sie malt auch meditative Bilder in Öl auf Untergrund aus Holz, die auch als Karten verlegt werden. In der Küche der Franziskanerinnen gibt es oft Gerichte aus Gemüse, wie das Lauchgratin oder Aufläufe mit Käse.

LAUCHGRATIN

600 g Lauch, geputzt
500 g Kartoffeln
½ l Bouillon
Salz, Pfeffer, Muskat
2 Lorbeerblätter
30 g Fett

1 kleine Zwiebel, gehackt
250 g Hackfleisch, gemischt
⅛ l Rotwein
Salz, Pfeffer
50 g geriebener Käse
Butterflöckchen

Lauch in 5 cm lange Stücke schneiden, Kartoffeln schälen und nicht zu groß würfeln. Lauch mit den Gewürzen in der Bouillon 15 Minuten kochen, dann die Kartoffelwürfel zugeben und weitere 10 bis 15 Minuten mitkochen.

Zwiebelwürfel und Hackfleisch im heißen Fett anbraten, mit Wein ablöschen und würzen. Lauchstücke und Kartoffelwürfel in eine gefettete Auflaufform schichten, das Hackfleisch mit Zwiebeln darüber verteilen und Käse darüberstreuen. Mit Butterflöckchen belegen und im Rohr bei 180 Grad überbacken.

KÄSESOUFFLÉ

¾ l Milch
1 TL Salz, Pfeffer, Muskat
30 g Butter
120 g Grieß
100 g fein gewürfelter Räucherspeck

100 g Emmentaler Käse, gerieben
100 g Greyerzer Käse, gerieben
2 EL gehackte Kräuter nach Belieben
3 Eigelb, 3 Eiweiß

Milch mit Salz und Butter aufkochen, Grieß einlaufen lassen, Speckwürfel zugeben und unter Rühren einen Brei kochen. Käse darin schmelzen, mit Gewürzen und Kräutern abschmecken und auskühlen lassen. Eigelb verquirlen und unterziehen, dann das steif geschlagene Eiweiß unterheben. Grießmasse in eine gefettete Auflaufform füllen und im vorgeheizten Rohr erst 15 Minuten bei 180 Grad, dann weitere 15–20 Minuten bei 200 Grad backen. Sofort zu Tisch bringen.

Kloster Baldegg
der Schwestern
von der Göttlichen Vorsehung
CH-6283 Baldegg
Kanton Luzern

Die Schweiz erlebte um die Jahrhundertwende bewegte Zeiten in politischer, kirchlicher und kultureller Hinsicht. Die katholische Erneuerung, die in Süddeutschland vor allem von der Universität Landshut mit Professor Johann Michael Sailer ausging, strahlte in dieser Zeit bis in die Schweiz aus. Auch die Gründer der Gemeinschaft von Baldegg, Kaplan Josef Leonz Blum und Professor Josef Widmer, studierten dort. Mit Unterstützung des Ratsherrn Josef Leu von Ebersol gründeten sie das Baldegger Institut, um der weiblichen Jugend eine zweckmäßige Bildung zu ermöglichen.

Das alte Schloß der Ritter von Baldegg am Baldegger See nahe Luzern stand nach mehrmaligem Besitzerwechsel Anfang des 19. Jh. wieder zum Verkauf. Kaplan Blum gelang es, die sieben leiblichen Schwestern Hartmann vom Bauernhof Oberhilty in Hohenrain für sein Vorhaben zu gewinnen. Sie übernahmen das Schloßgut Baldegg 1830 als Lehen und schlossen sich 1839 zur »Genossenschaft der Dienst- und Lehrschwestern bei St. Jost zu Baldegg« zusammen.

Daraus entwickelte sich die Gemeinschaft der Baldegger Schwestern, die sich seit der Klostergründung für die Bildung junger Frauen einsetzt. Die Schule Baldegg bildet Handarbeits- und Hauswirtschaftslehrerinnen, Kindergärtnerinnen und Primarlehrerinnen aus. Die Schwestern arbeiten aber auch in Heimen, Spitälern und Kurhäusern. Seit 1921 sind sie auch in der Mission tätig.

Seit 1960 kochen Baldegger Schwestern im Vatikan für die Schweizer Gardisten. Schwester Briska gewährt einen Blick in die Baldegger Küche:

BALDEGGER SCHNITZEL

4 dünne Schweineschnitzel
4 feine Tranchen (dickere Scheiben) Schinken
100 g Kalbsbrät
100 g gehackte Champignons
100 g gehackte Cornichons

1 EL gehackte Petersilie
Salz, Pfeffer
Mehl zum Bestäuben
1 verquirltes Ei
Fett zum Braten

Schnitzel leicht salzen und pfeffern. Brät, Champignons, Cornichons und Petersilie mischen und auf die Schinkentranchen verteilen. Schnitzel darauflegen, in Mehl wenden, durch das verquirlte Ei ziehen und in heißem Fett vorsichtig braten.

KÄSE-CHARLOTTE

200 g weiches Brot, fein verwiegt
etwas Milch
50 g weiche Butter
2–3 Eier, getrennt

1 EL Mehl
½ Tasse Rahm
120 g geriebener Käse
Salz, Muskat

Zerkleinertes Brot in einer Schüssel mit Milch übergießen und durchweichen lassen. Butter schaumig rühren, Eigelb unterrühren, dann Mehl und Rahm untermengen. Käse und Brot dazugeben, mit Salz und Muskat würzen, alle Zutaten gut miteinander verarbeiten und den steif geschlagenen Eischnee unterziehen. Die Masse in eine gebutterte und mit Bröseln ausgestreute Auflaufform füllen und bei mittlerer Hitze im Rohr etwa 25 Minuten backen.

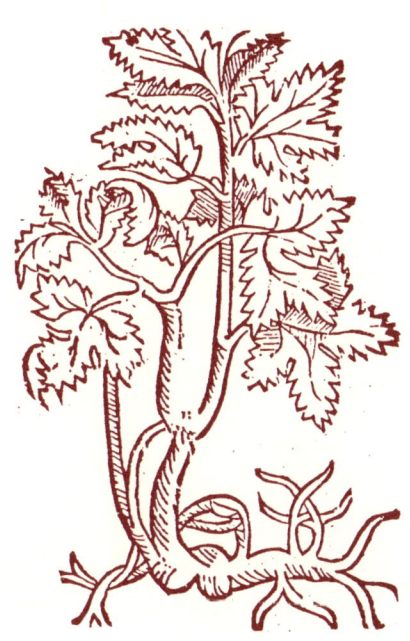

Benediktinerkloster Einsiedeln
CH-8840 Einsiedeln
Kanton Schwyz

Einsiedeln gehört seit dem Mittelalter zu den bedeutendsten Wallfahrtsorten Europas. Der Reichenauer Mönch Meinrad baute sich im Jahre 835 eine Klause im »Finstern Wald«, in der damals unbewohnten und dicht bewaldeten Gegend des heutigen Einsiedeln. Nach dem gewaltsamen Tod Meinrads, der bald als Heiliger verehrt wurde, fanden sich bei der Meinradszelle weitere Eremiten ein. 934 faßte Domprobst Eberhard aus Straßburg die Einsiedler zu einer benediktinischen Gemeinschaft zusammen, wurde ihr erster Abt, baute das erste Kloster und die Kirche.

Der Strom der Pilger nahm ab dem 14. Jahrhundert immer größere Ausmaße an. Kirche und Kloster mußten, den veränderten Bedürfnissen entsprechend, Anfang des 18. Jh. neu erbaut werden. Dieser Klosterbau wurde von dem Einsiedler Laienbruder Kaspar Moosbrugger als eine symmetrische Gesamtanlage geplant, die, in knapp 50 Jahren Bauzeit vollendet, einen großartigen, viel besuchten barocken Komplex darstellt.

Die Ausschmückung der Kirche entspricht den architektonischen Meisterleistungen Moosbruggers. Diego und Carlo Carlone schufen Altarplastiken und Altarbilder, Ägid Quirin Asam die Stukkaturen und die Kanzel, Cosmas Damian Asam malte die Deckenfresken.

Das Ziel der Wallfahrer ist die schwarze Madonna, die ihren Platz in der Gnadenkapelle (an der Stelle der alten Einsiedlerkapelle) in der Stiftskirche innehat.

Tätigkeitsbereiche der Einsiedler Benediktiner sind neben Gymnasium und theolog. Fakultät Seelsorge und Wallfahrtsseelsorge. Im barocken Großen Saal des Klosters sind wechselnde Ausstellungen mit Kunstschätzen aus dem Kloster und wertvollen Schriften aus der Stiftsbibliothek zu sehen. Zur festen Institution geworden sind inzwischen die Orgelkonzerte in der Klosterkirche und die Konzerte im Großen Saal. Mitbringsel gibt es im Klosterladen zu kaufen.

Zu den traditionelllen Wallfahrten gehören auch traditionelle Gerichte. So gibt es bei den Wallfahrten der Kantone Obwalden, Nidwalden, Zug und Glarus für die strapazierten Seelsorger Käsesuppe mit Drei-Minuten-Eiern und Lauchgemüse mit Béchamelsauce.

Die Zubereitung dieser Suppe, die sich mit den genannten Beilagen sehr gut als Hauptgericht eignet, hat Bruder Suso von Bruder Janaz Kilchhör aus Freiburg gelernt, der viele Jahre Küchenchef in Einsiedeln war und schon vor etwa 30 Jahren verstorben ist.

CHÄSSUPPE FÜR WACKERE BEICHTVÄTER

300 g Brot
100 g Greyerzer
100 g Emmentaler
1 kleine Zwiebel, fein gehackt

30 g Butter
1 l Bouillon
Salz, Muskatnuß

Brot in Dünkle (Scheibchen) schneiden, Käse reiben. Dünkle in einem Topf mit wenig Butter gut rösten, dann herausnehmen und die Zwiebelwürfel in der restlichen Butter anziehen lassen. Brotdünkle wieder dazugeben, Bouillon auffüllen und alles mit einem Schwingbesen (Schneebesen) zu einem dickflüssigen Brei verrühren, aufkochen lassen. Nach und nach den geriebenen Käse einstreuen und fortwährend rühren. Die sämige Suppe mit Salz und Muskatnuß würzen.

Zwei weitere traditionelle Rezepte verrät der gegenwärtige Küchenchef, Bruder Maurus. Hafenkabis gibt es zur Einsiedler Kirchweih im August nicht nur im Kloster, sondern in allen Restaurants in Einsiedeln für die Kirchweihbesucher.

EINSIEDLER HAFENCHABIS

600 g Schweinefleisch
200 g Lammfleisch
200 g grüner Speck
1 Kabiskopf (Weißkraut), ca. 1 kg
2 Zwiebeln, grob geschnitten

2–3 Knoblauchzehen
Salz, Pfeffer, Rosmarin
etwa 1/2 l Brühe
2 EL Tomatenpüree

Fleisch und Speck in Würfel schneiden. Kabiskopf halbieren, Strunk entfernen und die Blätter in Streifen schneiden. Fleischwürfel mit Speck anbraten, geschnittenen Kabis mitbraten. Zwiebeln, Knoblauch und Tomatenpüree dazugeben, mit Brühe aufgießen und gar kochen. Mit Salz, Pfeffer und Rosmarin abschmecken. Bruder Maurus reicht dazu Salzkartoffeln mit Petersilie und Rüblisalat.

BROTKRATZETE UND KRAUTSTIEL

300 g Brot
40 g Weizengrieß
1/4–1/2 l Milch
Fett zum Braten
750 g Krautstiel (Blattmangold)

80 g Mehl
40 g Fett
Wasser zum Ablöschen
Salz, Pfeffer, Kümmel
1 EL Essig

Brot klein schneiden, mit Grieß und Milch nach Bedarf im Rührgerät zu einem dickflüssigen Teig rühren. Fett in einer Pfanne erhitzen, die Brotmasse einfüllen und backen, dabei mit der Bratschaufel wenden und zerstoßen, bis es Kratzete (»Wüstensand«, Krümel) ergibt. Krautstiel (Mangold) waschen, putzen und schneiden. Mehl im Fett braun rösten, mit kaltem Wasser ablöschen, Essig und Krautstiel zugeben. Mit Salz, Pfeffer und Kümmel würzen und gar kochen.

Cistercienserinnen-Abtei St. Katharina
CH-6274 Eschenbach/Luzern
Kanton Luzern

Eine Urkunde aus dem Jahre 1292 hält eine Vergabe von Gütern durch den Freiherrn Walter III. von Eschenbach an das von ihm auf seiner Hofstätte bei der Stadt Eschenbach gegründete Kloster fest. Er verfügte auch das Katharinenpatrozinium, das zur Zeit der Kreuzzüge sehr aktuell war, und die Zugehörigkeit der Klosterfrauen zur Regel des heiligen Augustinus. Mit der Reformation, bei der nur wenige Frauenklöster im Kanton Luzern der Auflösung entgingen, begann eine harte Zeit für die kleine Gemeinschaft. 1588 nahmen die vier verbliebenen Augustinerinnen die strengere Ordensregel der Cistercienserinnen an.

1625 wurde der Grundstein für den Neubau von Kirche, Kreuzgang, Kapitelhaus und für 25 Klosterzellen gelegt. 1683 wurde das Gästehaus umgebaut und erweitert. Die Sonnenuhr am Gästehaus stammt aus dieser Zeit. Sie wurde 1970 vor dem Verfall bewahrt und restauriert. Mit einer Breite von 2,45 m und einer Höhe von 2,70 m ist sie die größte Sonnenuhr der Schweiz und nationales Kunstgut.

Die Schwestern arbeiten handwerklich und kunstgewerblich (Handweberei, Atelier für Paramentik, Verzieren von Kerzen, Kunstkarten).

Schwester Paula kennt noch das Rezept für das Räbenmahl, ein traditionelles Gericht, das im Kloster gerne gegessen wurde.

RÄBENMAHL

4–6 weiße Räben (Rüben)
200 g Brotdünkli (feine Brotscheibchen)
2 EL Butter

1 Zwiebel, in feine Scheiben geschnitten
Salz, Zucker

Butter in einer Pfanne erhitzen und die Zwiebelscheiben darin anrösten. Räben raffeln und mit den Brotdünkli zu den Zwiebeln geben. Alles gut miteinander vermengen, abschmecken und kochen, bis das Mahl breiig wird. Schwester Paula reicht dazu gerne Apfelküchlein.

Gesunde Schweizer Rohkost hat unter dem Namen Birchermüesli den Siegeszug in die ganze Welt angetreten. In vielen Klöstern, wie auch in Eschenbach bei den Cistercienserinnen, gibt es das Müesli mit Früchten aus dem Klostergarten, je nach Jahreszeit variiert, häufig zum »Z'Nacht«:

MÜESLI
(Angaben pro Person)

1–2 EL Haferflocken
etwas Wasser, Milch, Rahm, Joghurt
oder Sauermilch zum Einweichen
150 g frische Früchte nach Saison
(je nach Art der Früchte zerkleinert oder geraffelt)

1 EL Zitronensaft
1 EL geriebene oder gehackte Nüsse oder Mandeln
Honig oder Birnendicksaft zum Süßen

Die Haferflocken nach Belieben in Wasser, Milch oder Milchprodukten einweichen. Vorbereitete Früchte mit Zitronensaft mischen und zu den Haferflocken geben.

Nüsse oder Mandeln ins Müesli mischen und mit Honig oder Birnendicksaft süßen. Das Müesli kann auch mit eingeweichten Dörrfrüchten gesüßt werden.

Kloster Fahr der Benediktinerinnen
CH-8103 Unterengstringen
Kanton Aargau

Wie das älteste Propsteisiegel (Schifflein mit zwei Rudern) von 1243 zeigt, leitet sich der Name Fahr von einer Fähre ab, die hier über die Limat führte. 1130 schenkte Feiherr Lütold II. von Regensberg dem Kloster Einsiedeln seinen ausgedehnten Grundbesitz an der Limat mit der Bedingung, hier ein Benediktinerinnenkloster zu errichten. Das anfänglich kleine Kloster Fahr wurde von einer »Meisterin« geleitet, die äußere Verwaltung lag in Händen eines Propstes aus Einsiedeln. Zum Ende des Mittelalters setzte ein Niedergang des geistigen Lebens ein.

Um die Mitte des 16. Jh. wurde das Konventgebäude neu gebaut und die Kirche 1549 neu geweiht. Gegen Ende des 16. Jh. wurde das Kloster durch Benediktinerinnen neu belebt. Während einer ruhigen Entwicklungsphase des Klosters im 17. und 18. Jh. wurden die heute noch stehenden Klosterbauten und die Kirche (1743–1746) neu aufgeführt. Die Errichtung der Konventgebäude wird dem Architekten von Einsiedeln, Kaspar Moosbrugger, zugeschrieben, die Bauausführung seinem Bruder Johann.

Trotz der Aufhebung aller Klöster (auch Einsiedelns 1798) im Zuge der Französischen Revolution konnte Fahr weiterbestehen, da der neue Kanton Baden seine Verwaltung übernahm. Bei der neuen Kantonseinteilung wurde Fahr dem Kanton Aargau zugewiesen, so ist es heute mit seinen Gebäulichkeiten eine aargauische Enklave, während die Güter des Klosters im Kanton Zürich liegen.

Tätigkeitsbereiche der Benediktinerinnen sind heute die Bäuerinnenschule Kloster Fahr, Ökonomie und Weinbau, Stickerei und Paramentenschneiderei. Jeden Samstag ist Weinverkauf ab Keller. Der aus der Nähe Fahrs stammende Landwein führte zu dem Spruch: »Im Fährli ist's g'fährli.« Das Wirtshaus »Zu den zwei Raben« (1679) neben dem Kloster lädt zur Einkehr ein.

Schwester Josefa kocht seit mehr als 30 Jahren in der Küche des Klosters Fahr und bäckt jeden Samstag Brot für die Gemeinschaft.

Fischauflauf »Petri Heil«

800 g Felchen, entgrätet, in Stücken
Salz, Pfeffer, Zitronensaft
3 EL frisch gehackte Kräuter nach Geschmack
(Basilikum, Schnittlauch, Kerbel, Sauerampfer,
Petersilie, Dill)

Soße:
30 g Butter
$\frac{1}{2}$ Zwiebel, fein gehackt
40 g Mehl
$\frac{1}{4}$ l Bouillon, $\frac{1}{4}$ l Weißwein
Salz, Pfeffer

Felchen säubern, salzen, pfeffern, mit etwas Zitronensaft beträufeln und in eine gefettete Auflaufform schichten. Mit den gehacken Kräutern bestreuen. Für die Soße Zwiebelwürfel in der Butter glasig andünsten, Mehl zugeben und hell rösten. Bouillon und Weißwein nach und nach unter Rühren aufgießen und aufkochen lassen.

Soße abschmecken und über die Felchen gießen. Im Backrohr bei 180 Grad etwa 30 Minuten backen.
Mit Kartoffeln und gemischtem Salat servieren.
Der gleiche Weißwein, der zum Kochen verwendet wurde, schmeckt besonders gut dazu.

Fastenkutteln

300 g Mehl
0,4 l Milch
4 Eier
Salz
Fett zum Backen

Eierguß:
2–3 Eier
70 g geriebener Käse
0,4 l Milch
Muskat, Salz
Butterflöckchen

Die angegebenen Zutaten der Reihenfolge nach in eine Schüssel geben, rasch zu einem glatten Teig verrühren. Etwa 30 Minuten stehen lassen, dann Omeletten daraus backen.
Die Omeletten etwas abkühlen lassen, dann aufrollen

und in ca. $\frac{1}{2}$ cm breite Streifen schneiden. Locker in eine gebutterte Auflaufform schichten. Für den Eierguß die genannten Zutaten gut miteinander verquirlen. Über die Omeletten-Streifen gießen, mit Butterflöckchen belegen und im Rohr etwa 20 Minuten überbacken.

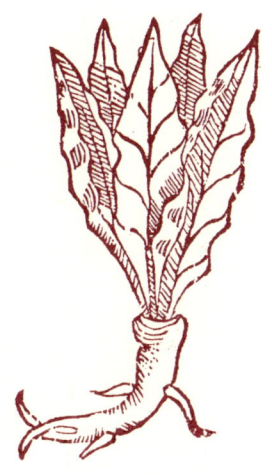

Bethlehem Mission Immensee

CH-6405 Immensee
Kanton Schwyz

Im Jahre 1895 gründete der Herz-Jesu-Missionar Pierre Barral die Apostolische Schule Bethlehem in Meggen, 1896 zog er mit einigen Zöglingen in das alte Gasthaus »Zum Wilhelm Tell« an der Hohlen Gasse ein. In der Tellskapelle feierten sie ihre Gottedienste.

Nach rascher Entwicklung, finanziellen Engpässen der Gemeinschaft und der Notlage vieler Missionsgebiete durch den Ersten Weltkrieg, wurde schließlich 1921 die Missionsgesellschaft Bethlehem gegründet. Sie ist kein Orden, sondern ein Missionsinstitut, in dem neben Priestern und Brüdern auch Laien missionarisch und entwicklungspolitisch wirken.

Das Missionshaus bietet Kurse für Missions- und Entwicklungspolitik an, führt Informationstage für Schulklassen durch, betreibt Werkstätten, eine Gärtnerei und Landwirtschaft. Zum Missionshaus gehört auch ein Gymnasium mit Internat.

Der Koch des Missionshauses, Paul Schuler, verköstigt täglich viele Esser, geschmackvoll und gesund:

BÜNDNER GERSTENSUPPE

½ Zwiebel, fein gehackt
50 g Lauch, fein geschnitten
50 g Karotten, fein geschnitten
50 g Sellerie, fein geschnitten
1 EL Butter
50 g Rollgerste
1 EL Weißmehl

50 g Bündner Fleisch, fein geschnitten
½ l Bouillon
½ l Milch
1 dl Rahm
Salz, Muskat, Aromat,
weißer Pfeffer, gemahlen
1 EL gehackte Petersilie

Butter erhitzen, Zwiebelwürfel leicht anrösten, Gemüse zugeben und mitdünsten. Rollgerste zufügen, mit Mehl bestäuben, Bündnerfleisch zugeben. Mit Bouillon ablöschen und aufkochen lassen. Milch zugießen, auf kleiner Flamme etwa 1 Stunde bei gelegentlichem Umrühren leicht sieden.

Suppe abschmecken, mit Rahm verfeinern, mit Petersilie bestreuen und in geeigneten »Suppen-Chacheli« servieren.

Paul Schuler gibt dazu Ruchbrot (Schwarzbrot).

LAMMKARREE »PROVINCALE«
(Die Menge der Zutaten hängt von der Größe des Karrees ab)

Lammkarree, sehr gut abgehangen
Rosmarin, Thymian, Majoran,
Knoblauch, Zwiebeln
Öl zum Bestreichen
Weißwein
Brühe

Salz, Pfeffer
Butter
Panierbrot (Semmelbrösel)
Knoblauchzehen, gehackt
Petersilie

Lammkarree mit Rosmarin, Thymian, Majoran, Knoblauch- und Zwiebelwürfeln einreiben, mit Öl bestreichen und über Nacht kaltstellen und ziehen lassen.

Das gewürzte Karree bei 220 Grad im Bräter anbraten, schmoren lassen, dann aus dem Rohr nehmen und auf die Herdseite stellen. Bratensatz mit Weißwein lösen, Brühe auffüllen und die Soße einreduzieren lassen. Nach Bedarf salzen und pfeffern.

In einer Pfanne Butter erhitzen, Knoblauch, Petersilie und Panierbrot anrösten, salzen und auf das tranchierte Karree streichen. Bratensaft darüberträufeln.

Dazu serviert Paul Schuler grüne Bohnen und Pellkartoffeln, die mit gerösteten Zwiebelscheiben angebraten werden.

Institut der Barmherzigen Schwestern vom heiligen Kreuz
CH-6440 Ingenbohl-Brunnen
Kanton Schwyz

Ingenbohl liegt auf einer Anhöhe über dem malerischen Kurort Brunnen am Vierwaldstätter See, nahe dem Ort Schwyz, der Urzelle der heutigen Schweiz.

Die erste Generaloberin der Barmherzigen Schwestern vom Heiligen Kreuz Ingenbohl war Mutter M. Theresia Scherer, die in der Krypta der Klosterkirche beigesetzt ist und 1995 seliggesprochen wurde. Sie führte das Werk des Stifters, des Schweizer Caritasapostels Theodosius Florentini, nach seinem Tod weiter und zum Erfolg. So arbeiten die Barmherzigen Schwestern heute in mehr als 20 Provinzen in Europa und in Übersee.

Die Schwestern sind nach wie vor im Schuldienst und in sozialen Bereichen, wie in der Kranken-, Jugend- und Altenbetreuung, tätig. Die Schwestern in Ingenbohl führen ein Gymnasium, eine Handelsschule, ein Lehrerinnen- und ein Kindergärtnerinnenseminar. Das Kloster bietet Informations- und Besinnungstage an.

Aus der hauswirtschaftlichen Abteilung des Klosters Ingenbohl stammt das Rezept für Kartoffel-Würstchen, das nun schon hundert Jahre alt ist. Schwester Alexina verrät außerdem Rezepte für herzhafte Eintöpfe.

FASTEN-WÜRSTCHEN

1 kg Kartoffeln, in der Schale gekocht
4 Eier
1 Tasse Rahm

100 g weiche Butter
Paniermehl
Butter oder Butterschmalz zum Braten

Kartoffeln nach dem Kochen auskühlen lassen, dann die Schale abziehen. Kartoffeln zu Brei zerstampfen oder durch die Kartoffelpresse drücken. Mit Eiern, Rahm und Butter vermengen und so viel Paniermehl zugeben, daß die Masse gut zusammenhält. Kleine Würste daraus formen, in Paniermehl wälzen und in der heißen Butter goldgelb backen.

HERZHAFTER KLOSTERTOPF

500 g Schweineschulter, grob gewürfelt
2 EL Öl
40 g Butter
3 Zwiebeln, fein gehackt
4 dl Bouillon
1 Stange Lauch

1 kleinen oder ¹/₂ Knollensellerie
1 kleinen oder ¹/₂ Wirsingkopf
3 Rüebli (Karotten)
2 Kohlrabi
1 EL Rosmarin, fein gehackt
Salz, Pfeffer

Gemüsesorten in gleichmäßige Streifen schneiden und mischen. Fleischwürfel in heißem Öl anbraten, dann herausnehmen und zur Seite stellen. Butter im Bratensatz erhitzen, Zwiebelwürfel darin anbraten, dann das Fleisch wieder zugeben und Bouillon aufgießen.
Eine Schicht Gemüse in einen mit Butter ausgestrichenen Topf oder Bräter füllen, eine Lage Fleischwürfel darüber verteilen, diese wieder mit Gemüse bedecken, bis Fleisch und Gemüse aufgebraucht sind. Die restliche Bouillon dazugeben und den Eintopf im Backrohr bei 180 Grad etwa eine Stunde weich schmoren. Vor dem Servieren nach Belieben mit Salz, Pfeffer und Rosmarin würzen.

REISTOPF MIT LAUCH

750 g Lauch
1 Zwiebel, fein gehackt
50 g Butter
300 g Reis
¹/₂ l Bouillon

¹/₈ l Weißwein
100 g geriebener Käse
50 g geschmolzene Butter
Salz, Pfeffer

Lauch waschen, putzen und in 1 cm breite Ringe schneiden. Zwiebel in der Butter anrösten, Lauch zufügen, kurz mitdünsten, dann mit Bouillon ablöschen und Wein aufgießen. Reis zugeben und alles gut 20 Minuten bei schwacher Hitze köcheln lassen. Die Flüssigkeit wird vom Reis aufgesogen.

Vor dem Servieren Gericht mit Salz und Pfeffer abschmecken, in einer vorgewärmten Schüssel anrichten, den geriebenen Käse darüber verteilen und die geschmolzene, heiße Butter darübergießen.

Benediktinerinnenkloster
CH-6067 Melchtal
Kanton Obwalden

Das Kloster der Benediktinerinnen liegt im Luftkurort Melchtal auf fast 900 m ü. d. M. Gründer des Klosters ist Pfarrer Balthasar Estermann, der 1866 mit drei Schwestern im armseligsten Haus des Tales ein Kloster der Ewigen Anbetung einrichtete. Nach dem Tod des Gründers 1868 betreute der Kaplan von Melchtal, Pater Berchtold Fluri aus Engelberg, die Gemeinschaft weiter und führte die Benediktusregel für die Schwestern ein.

Das jetzige Kloster konnte 1893–1895 dank der Spenden, die auf ausgedehnten Bettelreisen gesammelt wurden, gebaut werden. Diese Reisen brachten es mit sich, daß die Melchtaler Schwestern auch verschiedene Außenposten übernahmen und bis heute betreuen.
Die Benediktinerinnen halten – dem Stifterauftrag gemäß – die Ewige Anbetung. Sie erfüllen vielfältige Aufgaben in Haus und Garten, in der Nähstube, der Paramentenherstellung und Handweberei, in der Schule und im Mädcheninternat. Dem Kloster ist ein kleines Gästehaus angegliedert.
Schwester Ottilia kocht gerne traditionelle Gerichte, wie Luzerner Kost, auch Luzerner Hochzeit genannt, oder Vogelheu und Apfelschnitz.

166

Luzerner Hochzeit

500 g grüne, nicht zu weiche, ungeschälte Birnen
500 g Kartoffeln
Salz
3 EL Zucker

3 EL Wasser
2 EL Rahm
2 EL Butter
½ EL Mehl

Kartoffeln schälen und in längliche Schnitze schneiden, Birnen ungeschält vierteln, Kernhaus entfernen. Zucker in einer tiefen Pfanne rösten, bis er hellbraun flüssig wird, dann mit Wasser ablöschen. Kartoffeln und Birnen hineingeben, salzen, Rahm, Butter und Wasser nach Bedarf zufügen. Kurz vor Ende der Garzeit, wenn die Kar-toffel- und Birnenschnitze weich gekocht sind, Mehl mit etwas kaltem Wasser anrühren, in die kochende Masse rühren und das Gericht damit binden. Vor dem Servieren nochmals abschmecken.

Schwester Ottilia serviert dazu gekochten, geräucherten Speck.

Vogelheu
(Angaben pro Person)

1–2 Scheiben Brot
1 EL Butter
2–3 EL Milch

Salz
2 Eier

Brot fein schneiden, in einer Pfanne in Butter rösten, dann etwas Milch darüber gießen. Eier verquirlen, leicht salzen und über die Brotscheibchen geben. Mit der Brat-schaufel wenden, bis die Eier goldgelb gestockt sind. Gedünstete Apfelschnitze dazu reichen.

Franziskanerkloster Mariaburg
Klosterweg 10
CH-8752 Näfels
Kanton Glarus

Die Klosteranlage wurde 1675–1679 auf dem alten Burghügel von Näfels als Kapuzinerkloster erbaut. Die schlichte Klosterkirche ist mit frühbarocken Altären von Johann Michael Hunger aus Rapperswil, 17. Jahrhundert, ausgestattet. Seit 1986 dient das Kloster der Schweizer Franziskanerprovinz als Noviziats- und Bildungshaus.

Zur Zeit gibt es in der Schweiz etwa 50 Franziskaner, die versuchen, die franziskanische Berufung in den drei Dimensionen: Gebet, Option für die Armen, Evangelisation, zu leben.

Die Franziskaner sind tätig in der Seelsorge, Beratung, Sozialarbeit, bei der Durchführung von Besinnungstagen und Exerzitien, arbeiten mit Drogenabhängigen und üben verschiedene Tätigkeiten in Handwerk, Kunst und Musik aus.

Bei Bruder Antonio in der Klosterküche in Näfels gibt es die für den Kanton typischen Glarner Kalberwürste:

OFENKUECHLI

170 g Mehl
3 dl Wasser
40 g Butter
Salz
3 Eier
50 g Emmentaler
50 g Sbrinz oder Parmesan
Salz, Pfeffer, Muskat

Füllung:
30 g Butter
30 g Mehl
3 dl Milch
1 Eigelb
3 EL Weißwein
100 g Greyerzer
1–2 dl Rahm, geschlagen

Wasser mit Butter und Salz aufkochen lassen, Mehl auf einmal in die kochende Flüssigkeit geben, kräftig rühren, bis sich der Teig vom Topf löst. Teig etwas auskühlen lassen, Eier verquirlen und nach und nach unterrühren. Käse grob reiben und untermengen, Masse mit den Gewürzen abschmecken. Mit einem Löffel Küchlein abstechen und auf ein gefettetes Blech setzen. Bei Mittelhitze etwa 30 Minuten backen, dann im ausgeschalteten Ofen halboffen etwas auskühlen lassen. Küchlein dann mit einer Schere aufschneiden, mit der Käsesoße füllen und warm servieren.

Für die Füllung Butter erhitzen, Mehl darin hell anschwitzen, mit Milch aufgießen und zu einer sämigen Soße kochen. Eigelb mit Weißwein und dem geriebenen Greyerzer verrühren und unter die Soße ziehen. Kurz vor dem Füllen der Küchlein den geschlagenen Rahm unterheben.

GLARNER KALBERWÜRSTE

4 Kalberwürste (pro Person eine)
(ähnlich der bayerischen Weißwurst)
4 mittelgroße Zwiebeln
2 EL Butter
1 EL Mehl

½ l Brühe
⅛ l Weißwein
Salz, Pfeffer, Muskat
⅛ l Sahne

Kalberwürste in heißem Wasser vorsichtig erhitzen. Zwiebeln in dünne Streifen schneiden, in Butter andünsten, mit Mehl stauben, damit sie sämig werden. Brühe und Weißwein aufgießen, Soße aufkochen lassen, mit Salz, Pfeffer und Muskat abschmecken und zum Schluß mit Sahne verfeinern. Würste in der Soße servieren. Bruder Antonio gibt dazu Salzkartoffeln und gedörrte, gekochte Zwetschgen.

ZIEGERHÖRNLI
(ÄLPLERMAKRONEN)

250 g Hörnli oder Makronen (Nudeln)
4 große Kartoffeln, in Würfel geschnitten
1 l Bouillon

150 g Alpkäse, gerieben
200 g Rahm

Hörnli oder Makronen mit den Kartoffelwürfeln in Bouillon bei geringer Hitze gar kochen. Dabei wenig rühren, die Kartoffeln sollen nicht zerfallen. Überflüssige Bouillon nach Belieben abgießen, geriebenen Käse und Rahm untermengen und das Gericht nochmals durchwärmen und abschmecken.

Älplermakronen werden je nach Gegend in der Schweiz in verschiedenen Variationen gekocht. So können Kartoffeln und Nudeln auch getrennt gekocht, dann vermischt und in einer Gratinform mit Reibkäse, Rahm und gerösteten Zwiebeln noch kurz im Rohr überbacken werden.

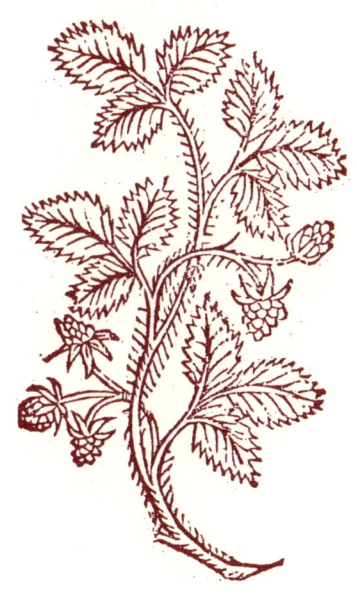

Benediktinerinnenkloster St. Andreas

Brünigstraße 157
CH-6060 Sarnen
Kanton Obwalden

Das Kloster St. Andreas wurde 1120 in Engelberg gegründet und nach Pest-, Hunger- und Notzeiten 1615 nach Sarnen verlegt.

Mit der Verehrung des Sarner Jesuskindes in der Klosterkirche fällt den Schwestern die Aufgabe der Wallfahrtsbetreuung zu. Das Sarner Jesuskind ist eine 50 cm hohe gotische holzgeschnitze Figur aus dem 14. Jahrhundert. Das samtene, mit reichem Schmuck versehene Kleidchen ist ein Geschenk der Königin Agnes von Ungarn. Dieses Geschenk ist bezeugt in einem historischen Dokument von 1348, in dem es heißt, daß die Königin ihre Hauben und ihr königliches Gewand geopfert habe.

Bemerkenswert ist die Gestaltung der Kloster- und Wallfahrtskirche, deren Architektur und künstlerische Gestaltung in seltener Harmonie Altes mit Neuem vereint.

Auch Klosterfrauen lieben Süßes, daher verrät Schwester Ida das folgende Rezept:

VERLORENE KLOSTERFRAUEN

8 kleine Äpfel
1/8 l Wasser
1/8 l Weißwein
1 EL Zitronensaft
2 EL Zucker

Nußfülle:
30 g grob gemahlene Baumnüsse
30 g Zucker

1/2 TL Zimt
1 EL Weinbeeren nach Belieben

Guß:
3 Eigelb
3 Eiweiß
70 g Zucker
1 EL Rum
10 dl dicker Rahm oder Sauerrahm

Äpfel schälen, Kernhaus ausstechen. Äpfel in der Mischung aus Wasser, Wein, Zucker und Zitronensaft kernig-weich kochen, dann abtropfen lassen und in eine gebutterte Auflaufform setzen. Nüsse mit Zucker, Zimt und Weinbeeren mischen und die Äpfel damit füllen.
Für den Guß Eiweiß mit der Hälfte des Zuckers steif schlagen. Eigelb mit dem restlichen Zucker schaumig rühren, Rum und Rahm untermengen. Eischnee unter die Schaummasse ziehen und Guß über den gefüllten Äpfeln verteilen. Im vorgeheizten Rohr bei guter Mittelhitze etwa 20 Minuten überbacken.

Das auf Schweizer Art gebackene Kartoffelpüree heißt »Ofetori«. Es ist eine Spezialität des Halbkantons Nidwalden, wird aber auch im Kloster in Sarnen (Hauptort des Halbkantons Obwalden) gerne gegessen.

OFETORI

750 g Kartoffeln
Salzwasser zum Kochen
2 Eier

1 Tasse Rahm oder Milch
Salz, Muskat
150 g gewürfelter Speck oder Schinken

Kartoffeln waschen, schälen, kochen und pürieren. Eier mit Rahm oder Milch verquirlen, zum Püree geben und mit Salz und Muskat würzen. Speckwürfel leicht anrösten und zur Kartoffelmasse geben. Eine Auflaufform mit Butter ausstreichen, die Masse einfüllen und bei Mittelhitze goldgelb backen.

Benediktinerkolleg
Brünigstraße 177
CH-6060 Sarnen
Kanton Obwalden

Das Benediktinerkolleg ist Klaustralpriorat der Abtei Muri-Gries in Bozen.

Die geschichtlichen Ursprünge liegen im Kloster Muri, das um das Jahr 1027 durch Ita von Lothringen und ihren Gemahl, Radbot von Habsburg, gegründet wurde. Die Stifterfamilie übte von Anfang an die eigenkirchliche Herrschaft über das Kloster aus und ist dort, wie mehrere ihrer Nachkommen, begraben. Die ersten Mönche kamen aus Einsiedeln. Eine große Blütezeit erlebte das Kloster im 17. und 18. Jh. durch die Pflege von Kunst und Wissenschaft.

Im Januar 1841 hob die radikale Regierung des Kantons Aargau das Kloster auf, Klostergebäude, Kirche, Bibliothek und Archiv gingen in den Besitz des Staates über. Da die Abtei eine Gründung der Habsburger war, bot Kaiser Ferdinand I. von Österreich dem Konvent das Kloster Gries bei Bozen an. Dieses ehemalige Augustiner-Chorherrenstift war seit 1807 in Folge der Säkularisation aufgehoben, da Tirol zu dieser Zeit zu Bayern gehörte. Im Juni 1845 übernahmen die Benediktiner das Kloster Gries als Priorat der Abtei Muri. (Vgl. Benediktinerkloster Muri-Gries, Bozen.)

Inzwischen hatten Mönche aus Muri die Leitung der Lateinschule in Sarnen übernommen, die sie auf Bitten der Regierung Obwaldens auch weiter betreuten. Die Benediktiner führen heute noch das Gymnasium in Sarnen.

Max Bieri, der weltliche Koch der Gemeinschaft, kocht nach Schweizer Tradition. Er verrät das Rezept für Bratkäse und berichtet, daß dieser vornehmlich bei Volksfesten, wie dem Schwingfest und dem Älplerfest, serviert wird, bei denen es gilt, große Zahlen von Personen zu verköstigen.

SCHWEIZER BRATKÄSE

150 g fetter Käse (Raclettekäse) pro Person
sauren Most, Milch oder Rahm nach Bedarf

1 große Scheibe Brot pro Person

Käse raspeln, in eine Bratpfanne geben und schmelzen lassen. Dabei Most, Milch oder Rahm nach Käsesorte und Bedarf zugeben und unterrühren. Pro Person eine

Brotscheibe auf einen Teller legen, mit saurem Most beträufeln, dann die geschmolzene Käsemasse darauffließen lassen.

Zu besonderen Festtagen empfiehlt der Koch des Benediktinerkollegs ein Gericht, das viele Nicht-Schweizer als das typisch schweizerische Gericht überhaupt betrachten:

Schweizer Geschnetzeltes

750 g geschnetzelte Kalbsschulter
2 EL Mehl
0,5 dl Öl
1 große Zwiebel, fein gewürfelt
1/4 l Weißwein
5 EL Kräuterschnaps

1/8 l Rahm
2 EL Butter
2 kleine Äpfel in Scheibchen
100 g Pilze in Scheibchen
Salz, Pfeffer, Zitronensaft
3 EL Rahm

Öl in einer tiefen Pfanne erhitzen, Kalbsgeschnetzeltes mit Mehl stauben und anbraten. Zwiebelwürfel zugeben, mitrösten, dann mit Weißwein und Kräuterschnaps ablöschen. Bei schwacher Hitze etwa 35 Minuten köcheln lassen, gegen Ende der Garzeit würzen und mit Rahm verfeinern.

Apfelscheibchen und Pilze in heißer Butter andünsten, würzen, Rahm zufügen, dann zum Fleischgericht geben und vorsichtig mischen. Zusammen nochmals kurz aufkochen lassen und abschmecken.

Kloster St. Elisabeth
der Anbeterinnen des Blutes Christi
Duxgasse 55
FL-9494 Schaan
Fürstentum Liechtenstein

Das Kloster St. Elisabeth gehört zur Gemeinde Schaan im Fürstentum Liechtenstein und wurde 1935 als Provinzhaus der Ordensgemeinschaft für den deutschsprachigen Raum gebaut. Die Schwestern betätigen sich in der Pflege von Betagten und Kranken, in kirchlichen Diensten und in der religiösen Jugend- und Erwachsenenbildung. Sie führen neben dem Kloster ein Gästehaus mit schöner Aussicht auf das Rheintal und die Schweizer Berge. Schwester Bärbl empfiehlt den für die Gegend traditionellen Rheintaler Ribel und die bei den Gästen beliebte Früchte-Wähe:

RHEINTALER RIBEL

250 g weißer Maisgrieß
2 EL Kochgrieß
1 gestrichener TL Salz
2 dl Milch

2 dl Wasser
50 g Butter
etwas Öl

Grieß mit Salz mischen, Milch mit Wasser zum Kochen bringen und den Grieß damit übergießen, so daß er knapp durchtränkt ist. Über Nacht stehen lassen.
Öl in einer gußeisernen Pfanne erhitzen, Grießmasse hineingeben und bei mäßiger Hitze langsam rösten, mit der Bratschaufel „ribeln" (zerstoßen, wenden). Zwischendurch einige Minuten zugedeckt stehen lassen, damit der Ribel feucht bleibt. Nach und nach die Butter zugeben und mit der Bratschaufel weiter „ribeln", bis geröstete Krümel entstehen.
Nach Geschmack kann der Ribel zum Schluß der Garzeit mit Rahm verfeinert werden. Laut Schwester Bärbel befeuchten Kenner den Ribel mit Milch und bestreuen ihn mit Zucker.

FRÜCHTE-WÄHE

175 g Mehl
½ TL Backpulver
80 g Butter
1 Prise Salz
3 EL Wasser
1 EL geriebene Haselnüsse
1 EL Zucker
400 g vorbereitete Früchte nach Jahreszeit

(Apfelschnitze, entsteinte, halbierte Aprikosen oder Zwetschgen, Rhabarberstücke, Kirschen)

Guß:
1 dl Milch
2 EL Zucker
1 Eigelb
1 El Vanillepuddingpulver

Mehl mit Backpulver und Salz auf die Arbeitsfläche geben, in die Mitte eine Mulde eindrücken, Wasser hineingeben und mit etwas Mehl verrühren. Butter in Flöckchen zugeben, alles rasch zu einem glatten Teig verkneten. Teig ausrollen und in eine gefettete Wähen- oder Springform legen. Mit einer Gabel mehrmals einstechen, Haselnüsse und Zucker darauf verteilen. Vorbereitete Früchte drauflegen. Im vorgeheizten Backrohr bei 200 Grad 10 Minuten backen.
Inzwischen Milch mit Zucker, Eigelb und Vanillepuddingpulver gut verrühren, dann auf die vorgebackene Wähe gießen und weitere 20 Minuten bei 175 Grad backen.

Kloster St. Klara
CH-6370 Stans
Kanton Nidwalden

Der Dorfkern von Stans gehört zum ältesten Siedlungsgebiet des Nidwaldner Talbodens. Das Frauenkloster St. Klara, erbaut 1621–1625, liegt nahe dem Kapuzinerkloster im inneren Dorfkreis. Die schlichte, 1980 renovierte Kirche birgt einen prächtigen Hochaltar von Johann Ritz mit einem mystischen Altarbild von Johannes Brandenberg (um 1723). Im Jahre 1799 richtete Heinrich Pestalozzi im Kloster seine berühmt gewordene Waisenanstalt ein.

Schwester Franziska kocht in der Klosterküche nach Nidwaldner Tradition und verrät ihre Rezepte für Nußbrot und Kapuzinerküchlein mit Weinsoße:

NUSSBROT

1 Tasse Zucker
1 Tasse Milch
1½ Tassen Baumnüsse (Walnüsse), fein gehackt
4 Tassen Mehl

4 TL Backpulver
1 TL Salz
2 Eier

Die angegebenen Zutaten gut vermengen und in eine gefettete Kastenform füllen. Bei 175 Grad etwa 1 Stunde backen.

KAPUZINERKÜCHLEIN MIT WEINSAUCE

4oo g Weißbrot, fein geschnitten
ca. ¼ l Milch
1 TL Zimt
2 EL Zucker
50 g Rosinen nach Belieben
Butter oder Butterschmalz zum Backen

Weinsauce:
½ l Weißwein
200 g Zucker
2 Eier
2 Eigelb
1 EL Stärkemehl

Geschnittenes Brot in eine Schüssel geben und mit kochender Milch übergießen. Zimt, Zucker und Rosinen daruntermischen und alles zugedeckt einige Stunden stehen lassen. Masse zu Rollen formen und Küchlein abschneiden. In heißer Butter oder in Butterschmalz backen.

Für die Weinsauce Weißwein und Zucker in einem Topf erhitzen, Eier und Eigelb verquirlen und unter ständigem Rühren zugeben. Das mit etwas Wasser angerührte Stärkemehl einrühren, Sauce sofort zu den Küchlein servieren.

Benediktinerinnenkloster zu Allen Heiligen in der Au

Austraße 8
CH-8848 Trachslau bei Einsiedeln
Kanton Schwyz

Die Geschichte der Benediktinerinnen in der Au geht auf die »Waldschwestern« zurück, die Ende des 13. Jahrhunderts bezeugt sind und in einzelnen Häusern in der Waldgegend lebten. Seit etwa 400 Jahren gehören sie dem Orden des heiligen Benedikt an, wie das nahegelegene Stift Einsiedeln, das auch heute das Kloster seelsorglich betreut. Seit mehr als hundert Jahren halten die Schwestern rund um die Uhr die »ewige Anbetung« der heiligen Eucharistie. Aus der Zeit des mystischen Lebens vom 13. bis zum 15. Jahrhundert stammt das Wurzelkreuz, welches Schwester Anna Annin um das Jahr 1280 beim Sammeln von Kräutern im Wald fand.

Heute arbeiten die Schwestern in der Paramentenstickerei, in der Weberei, der Näherei, der Wachsnerei oder in der Haus- und Landwirtschaft. Eine alte Aufgabe des Klosters ist das Fassen von Reliquien.
Schwester Regula bereitet oft selbst Quark und verwendet diesen auch für das Heidelbeerkompott. Heidelbeeren waren sicher auch schon für die Waldschwestern eine traditionelle Speise.

Heidelbeerkompott mit Quark

1 kg Heidelbeeren
200 g Zucker
etwas Wasser
1–2 EL Speisestärke
1 Handvoll geröstete Weißbrotwürfel

oder Würfel vom Hefezopf
250 g Quark
etwas Rahm oder Joghurt
1 TL Zimt
Zucker nach Belieben

Heidelbeeren mit etwas Wasser und Zucker einige Minuten kochen, dann mit der in wenig kaltem Wasser angerührten Speisestärke binden. Abkühlen lassen und in Portionsschälchen füllen. Geröstete Brot- oder Hefezopfwürfel darüberstreuen.

Quark mit Rahm oder Joghurt zu einer dickflüssigen Creme glattrühren, mit Zucker und Zimt nach Geschmack abschmecken und zum Kompott servieren.

Chriesisturm

1 kg Kirschen
3–4 EL Zucker

¼ l Rahm (oder halb Joghurt, halb Rahm)
4–5 EL Mehl

Mehl im Backrohr ohne Fett rösten. Kirschen mit Zucker, Rahm (und Joghurt) und dem gerösteten Mehl mischen und 30 Minuten ziehen lassen.

Schwester Regula serviert dieses Gericht mit Toastbrot als Nachtessen.

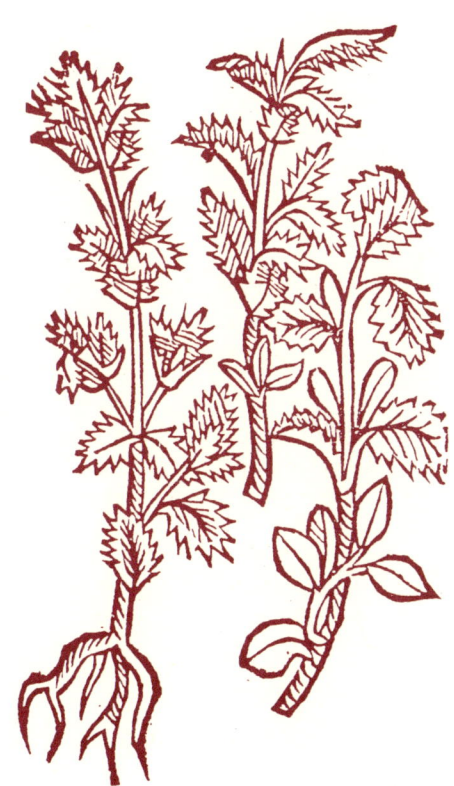

Benediktinerkloster Muri-Gries
Grieserplatz 21
I-39100 Bozen 4

Die Anfänge des Klosters reichen zurück in das Jahr 1160, als das Augustiner Chorherrenstift in der Au in Gries von dem kinderlosen Ehepaar, Graf Arnold III. von Morith und Greifenstein und dessen Gemahlin Mathilde von Valley (Oberbayern) gegründet wurde. Da das Kloster in der Au unter verheerenden Überschwemmungen gelitten hatte und schließlich unbewohnbar geworden war, schenkte der damalige Landesfürst Herzog Leopold von Österreich 1406 den Augustiner Chorherren die Burg in Gries zur Umwandlung in ein Kloster.

In Folge der Säkularisation war das Kloster von 1807 bis 1844 aufgehoben. 1845 übernahmen es die Benediktiner aus Muri in der Schweiz, die im Zuge der aargauischen Klosteraufhebung ihre Heimat verlassen mußten. (Vgl. Benediktinerkolleg Sarnen.)

Über die neuere Geschichte informiert Pater Subprior Urban: »Durch den zahlenmäßigen Zuwachs der Klostermitglieder und die Ausweitung der Aktivitäten wurde Ende des 19. und anfangs des 20. Jahrhunderts eine Vergrößerung der Klostergebäulichkeiten notwendig.

Ein besonderer Arbeitsschwerpunkt der Mönche war – neben der Seelsorge – die Schultätigkeit. In der Folge waren neben dem klösterlichen Betrieb eine Lehrerbildungsanstalt und eine landwirtschaftliche Schule im Kloster untergebracht. Heute finden Jugendliche, die unterschiedliche Schulzweige in der Stadt Bozen besuchen, im Internat St. Benedikt eine Unterkunft.

Die Benediktiner erfüllen pastorale Aufgaben, arbeiten im Verwaltungsbereich oder übernehmen Verpflichtungen in Spezialgebieten.

Vom österreichischen Kaiserhaus wurden den Benediktinern im Jahre 1845 die landwirtschaftlichen Höfe der Augustiner als Stiftungsgut überlassen. Bis heute betreibt das Kloster eine Landwirtschaft mit Obst- und Weinbau und führt eine eigene Gärtnerei.

In der Klosterkellerei werden die einheimischen typischen Rot- und Weißweinsorten wie Lagrein (Lagrein dunkel, Lagrein Ketzer), Vernatsch und Weißburgunder u. a. gekeltert. Die große Sortenpalette wird der Kundschaft in einem Verkaufslokal, das sowohl vom Grieserplatz als auch vom Innenhof des Klosters erreicht werden kann, angeboten.«

Besonders sehenswert ist die spätbarocke Stiftskirche St. Augustin. Sie zeigt in Fresken von Martin Knoller die Bekehrung und die Verklärung des hl. Augustinus; das 23 m lange Deckenfresko stellt in perfekter Illusionstechnik den Ketzersturz dar.

Die Herkunft der Mönche schlägt sich natürlich auch in der Küche nieder. So stammen einige der heute noch gebräuchlichen Rezepte vom Schweizer Bruder Thaddäus Wiederkehr, bei dem der heutige Küchenchef, Herr Florian, gelernt hat.

KÄSESUPPE »MURI-GRIES«

300 g altbackenes Weißbrot (mit brauner Rinde)
1 EL Butter
400 g geriebener Emmentaler Käse
gut 1 l Fleischbrühe

2 Zwiebeln, fein geschnitten
1 EL Butter
Salz, Muskatnuß

Brot in heißem Wasser aufweichen und von Hand auspressen. Butter und Brot in einen Kochtopf geben, Fleischbrühe zugießen und mit Salz und Muskat würzen. Suppe schwach kochen lassen, dann den Käse zugeben und kochen, bis die Suppe sehr sämig wird. Zuletzt die Zwiebeln in Butter hellbraun rösten und über das angerichtete Käsemus geben. Sofort servieren.

BAUMNUßTORTE

200 g Baumnußkerne (Walnußkerne), grob gehackt
200 g Zucker
125 g Mehl
4 Eigelb

4 Eiweiß
2 sehr kleine Eier
gemahlener Zimt

Eiweiß zu steifem Schnee schlagen. Eier und Eigelb mit Zucker sehr schaumig rühren. Mehl, Zimt und die gehackten Nüsse unter die Schaummasse ziehen und den steifen Eischnee unterheben. In eine gefettete, bemehlte Tortenform füllen und bei 180 Grad etwa 35 Minuten backen.

FRÜCHTEBROT »MURI«

6 Eier
260 g Zucker
150 g gedörrte Aprikosen
400 g gedörrte Birnen
100 g Sultaninen

100 g Orangeat, gehackt
260 g Weizenmehl
1 P. Backpulver
260 g grob geschnittene Baumnüsse (Walnüsse) oder
Haselnüsse

Aprikosen und Birnen fein nudelig schneiden. Eier mit Zucker sehr schaumig rühren, dann alle angegebenen Zutaten untermengen. Masse in eine gefettete, bemehlte oder mit Backpapier ausgelegte Keksform füllen und bei 200 Grad etwa 45 Minuten backen.

Franziskanerkloster
Franziskanergasse 1
I-39100 Bozen

Am oberen Ende des Obstmarktes in Bozen findet man das 1221 gegründete Kloster, dessen erste urkundliche Erwähnung aus dem Jahr 1237 datiert. Damals lag diese Keimzelle des Konvents noch vor den Mauern des einstigen Marktfleckens. Neben der Besichtigung von Kirche, Kreuzgang und Dormitorium, dem ehemaligen Schlafsaal der Mönche, empfiehlt sich ein Blick in die alte Erhardkapelle Sie ist die erste von den Mönchen benutzte Kirche, in der gotische Fresken des Linearstils (kurz nach 1300) erhalten sind. Der Legende nach hat der heilige Franziskus als Knabe in dieser Kapelle an der Messe teilgenommen und ministriert, als er mit seinem Vater, dem umbrischen Kaufmann Pietro Bernardone, die Jahrmärkte in Bozen besucht hat. Bruder Konrad, der die Küche betreut, stellt einige handgeschriebene Rezepte vor, von denen man nicht mehr weiß, wer sie aufgeschrieben hat.

FRANZISKANERSTRUDEL

15 dag Butter
30 dag Mehl
2 Eier
3 dag Germ
1 EL Zucker
etwas Salz

Fülle:
15 dag Zucker
¹/₄ l Wasser

25 dag geriebene Mandeln
10 dag Rosinen
etwas Zimt
etwas abgeriebene Limonenschale
4 EL Rum

Guß:
15 dag Zucker
15 dag geriebene Schokolade
4 EL kochendes Wasser

Mehl, Butterflöckchen, Salz und Zucker mit den Eiern und der aufgegangenen Germ zu einem Strudelteig verarbeiten. Teig eine halbe Stunde rasten lassen.
Inzwischen für die Fülle Zucker mit Wasser erhitzen, mit geriebenen Mandeln, Rosinen, Zimt und Limonenschale kurz zu einer dicken Fülle aufkochen lassen. Rum unterrühren und die abgekühlte Masse auf den ausgerollten Germteig streichen. Strudel aufrollen, auf ein gefettetes Backblech legen und kurz gehen lassen. Bei Mittelhitze 35 bis 40 Minuten backen. Für den Guß Zucker und geriebene Schokolade mit kochendem Wasser nach Bedarf gut verrühren und den Strudel damit überziehen.

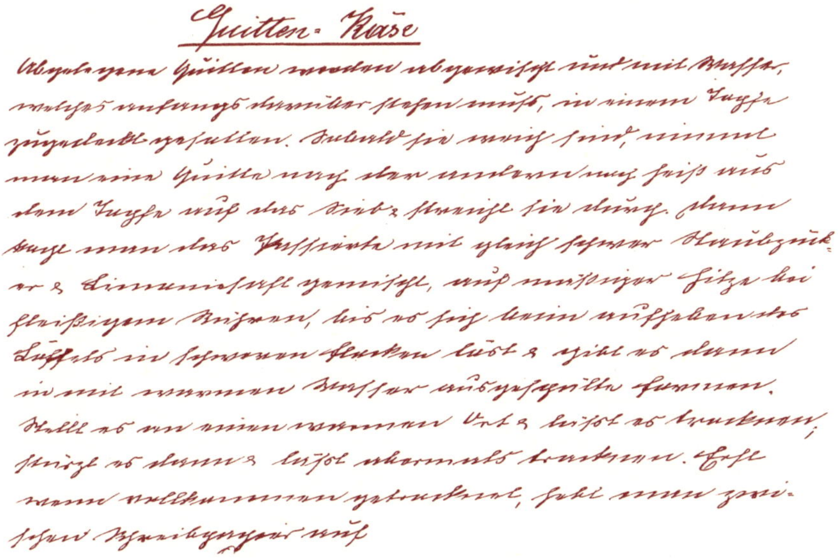

QUITTENKÄSE

Abgelegene Quitten mit einem Tuch abreiben, dann in einem geschlossenen Topf mit Wasser bedeckt weichkochen. Quitten abtropfen lassen und durch ein Sieb passieren. Die passierten Quitten wiegen, mit der gleichen Menge Staubzucker mischen und mit Limonensaft in einem Topf bei mäßiger Hitze unter ständigem Rühren kochen, bis die Masse schwer vom Kochlöffel tropft und zu gelieren beginnt.

Quittenkäse in Förmchen füllen, die mit warmem Wasser ausgespült wurden. An einem warmen Platz trocknen lassen, dann stürzen und nochmals trocknen lassen. Damit die Quittenkäsestückchen nicht zusammenkleben, beim Lagern Butterbrotpapier dazwischen legen.

[Handwritten manuscript text – Quitten-Käse]

ORANGENLIKÖR

Ansatz:
12 unbehandelte Orangen
½ l Weingeist
½ l Wasser
½ kg Zucker

zusätzlich:
½ kg Zucker
½ l Wasser
½ l Weingeist

Die Orangen dünn schälen und die Schale fein hacken. Mit Weingeist, Wasser und Zucker mischen und 12 Tage stehen lassen.
Zusätzlichen Zucker in Wasser ziemlich dick spinnen, erkalten lassen und mit dem restlichen Weingeist mischen.

Diese Mischung zum Ansatz geben, Likör verkorken und noch 1 Woche stehen lassen. Danach filtrieren und in Flaschen füllen. Frühestens nach 1 Monat verwenden. Je länger der Likör steht, desto besser wird er.

Casa Provinciale Suore die Carità

Provinzhaus der
Barmherzigen Schwestern
Prinz-Eugen-Allee 20
I-39100 Bozen-Gries

Das Mutterhaus der Barmherzigen Schwestern vom heiligen Vinzenz von Paul liegt in Stams. 1922 wurde in Bozen ein eigenes Provinzhaus errichtet, nachdem Südtirol nach dem Ersten Weltkrieg von Österreich getrennt worden war und nun zu Italien gehörte. Die Schwestern arbeiten in Krankenhäusern, Mädchenheimen oder Behindertenheimen.

Die folgenden Rezepte stammen aus dem handgeschriebenen Kochbuch der langjährigen Köchin, Schwester Robertina, die nun schon einige Jahre im Ruhestand ist.

KÄLBERNE VÖGEL

4 dünne Kalbsschnitzel
oder Kalbsrouladen
50 g kleingewürfelter Speck
4 EL Kräuter oder Wildkräuter
nach Jahreszeit
4 EL Brotbrösel oder Semmelbrösel

1 Ei
Salz
Mehl zum Bestäuben
2 EL Butterschmalz
¼ l Fleischsuppe
¼ l Rotwein

Kleingeschnittene Kräuter, Speckwürfel, Brotbrösel, Ei und Salz miteinander verrühren.

Kalbsschnitzel dünn klopfen, dann die Kräutermasse messerrückendick daraufstreichen. Schnitzel zu Rouladen aufrollen und das Ende mit einem Zahnstocher feststecken. In einer Kasserolle in heißem Fett anbraten, mit Mehl bestäuben, Fleischbrühe und Rotwein zugießen und etwa 1 Stunde weichdünsten. Zahnstocher vor dem Servieren entfernen, Kalbsvögel in der Bratensoße servieren.

SCHWESTER ROBERTINAS ROSTBRATEN
(Faschierter, gewickelter Rostbraten)

4 dünne Scheiben Rinderlende
150 g gehacktes Rindfleisch
100 g Speck, fein gewürfelt
1 Zwiebel, fein gehackt
2 EL Petersilie
40 g Reis, gekocht

Salz, Pfeffer
2 EL Butterschmalz
1 kleiner Bund Wurzelwerk
¼ l Fleischbrühe
1–2 EL Kartoffelmehl

Lendenscheiben klopfen, Hackfleisch mit Speck- und Zwiebelwürfeln, Petersilie und Reis, Salz und Pfeffer vermengen und auf den Lendenscheiben verteilen. Aufrollen, mit einer Rouladennadel feststecken und in Mehl wenden. In einer Kasserolle in heißem Fett anbraten, fein geschnittenes Wurzelwerk zugeben, etwas Fleischbrühe aufgießen und zugedeckt weich dünsten. Nach Bedarf mit der restlichen Fleischbrühe begießen. Soßenansatz lösen, mit kalt angerührtem Kartoffelmehl binden und abschmecken. Rouladen in der Soße servieren.

2 Gedämpfte Vögel

Man nimmt einige geschnittene Speck Kräutl ein fi Salz
und Brotbröseln rührt es untereinander dann klopft
man vor Kalbsfleisch längere Schnitzchen streicht das
obgenannte Messerrückendick darauf rollt sie zusammen
steckt ein Hölzchen hinein damit sie nicht aufgehen
bestäubt sie in der Kasserolle mit Mehl dünstet sie eine
1/4 Stunde lang gießt etwas Wein und Suppe daran
nimmt dann die Hölzchen heraus und richtet sie an.

4. Farcierte gewickelte Rossbraten.

Man nimmt 4 Rossbraten und klopft dann 5 Stück fein
aneinander 2 Stück werden mit 10 Loth Speck etwas Zwiebel
und Petersili aufgeweicht die farce sodann mit 4 Loth
rohem Reis etwas Salz und Pfeffer vermengt streicht sie
auf jeden fein geklopften Rossbraten auch rollt jeden in
eine Kasserolle gib etwas Butter und fein geschnittenen
Wurzelkraut und etwas Zwiebel legt die gewickelten in
Mehl gedachten Rossbraten darauf läßt sie zugedeckt dünsten
begießt sie dann mit Fleischsuppe und läßt sie 2 Stunden
kochen entfernt hierauf den Zwirnet und schneidet sie
zierlich zu der Speis gib noch etwas Suppe ein wenig
Durchschelmehl läßt sehr ein wenig aufkochen und gießt
ihn über die Rossbraten

Klarissenkloster zur hl. Elisabeth
Runggadgasse 25
I-39042 Brixen

Das Kloster zur hl. Elisabeth in Brixen ist die wohl älteste Niederlassung der Klarissen auf deutschem Boden. Das Klosterarchiv verwahrt einen Freiheitsbrief des Brixener Fürstbischofs Heinrich IV. von Taufers aus dem Jahre 1235 als ältestes schriftliches Beweisstück. Die Gründung erfolgte also zu Lebzeiten der hl. Klara, die 1253 starb und bereits 1255 heiliggesprochen wurde.

Mitte des 17. Jahrhunderts wurde das Kloster, das damals zu klein und sehr baufällig geworden war, neu gebaut.

Die Lebensform der »armen Schwestern« der hl. Klara ist geprägt von Kontemplation, Leben nach dem Evangelium und Armut in schwesterlicher Gemeinschaft.

Wie Frau Äbtissin Aloisia erzählt, gehört zum geistlichen Erbe des Klarissenordens eine innige Liebe zur Gottesmutter, die sich auch in der Feier ihrer Feste ausdrückt. So gibt es zum Fest Maria Geburt (8. September) traditionell das sogenannte »Wiegele«, einen besonders zarten, süßen Brotauflauf, der mit seinem Namen an die Liegestatt für die kleine Maria erinnert.

»WIEGELE«

3 altbackene Semmeln
5 dag Butter
6 dag Zucker

3 dag Sultaninen
3 Eier, getrennt
etwas geriebene Zitronenschale

Semmeln in kleine Würfel schneiden und mit Milch befeuchten. Butter, Zucker und Eidotter schaumig rühren, Eiweiß zu steifem Schnee schlagen. Semmelwürfel, Sultaninen und Zitronenschale unter die Schaummasse ziehen, Eischnee unterziehen. In einer Auflaufform bei 175 Grad etwa 35 Minuten backen. Mit Kompott servieren.

WEIHNACHTSZELTEN
(Mengenangabe für 6–8 Zelten)

1 kg Feigen
300 g Mandeln
300 g Haselnüsse
400 g Walnüsse
150 g Pignoli (Pinienkerne)
400 g Weinbeeren
200 g Rosinen
250 g kandierte Früchte
350 g Zucker
1/4 l Rum
1/2 l Schnaps

Schale einer Zitrone
1/2 Muskatnuß, gerieben
2 TL Zimt
1 TL Nelkenpulver
1 TL schwarzer, gemahlener Pfeffer
1 TL Lebkuchengewürz
350 g Roggenbrotteig
1/4 l gut gezuckerter Kaffee zum Bestreichen
kandierte Früchte, Mandeln, Pignoli und Nüsse zum
Verzieren

Früchte und Nüsse nach Belieben klein schneiden und in einer großen Schüssel mit Zucker, Rum, Schnaps, geriebener Zitronenschale und den Gewürzen mit nassen Händen gut vermischen. Über Nacht bei Zimmertemperatur stehen lassen. Am nächsten Tag mit Roggenbrotteig verkneten, zu Zeltenlaibchen oder Herzen formen, die etwa 3 cm hoch sein sollen. Zelten mit halbierten Nüssen oder Mandeln verzieren und auf einem gefetteten Backblech bei etwa 200 Grad eine Stunde backen. Mehrmals mit dem gut gesüßten Kaffee bestreichen, damit sie eine glänzende Oberfläche erhalten. Nach dem Backen mit kandierten Früchten belegen. In Celophanpapier gewickelt lassen sich die Zelten gut aufbewahren. Empfehlung von Frau Äbtissin Aloisia: Zelten sind ein feines Weihnachtsgeschenk für Freunde, daher auch die entsprechenden Mengenangaben.

Am Osterfest kommt in den für die Speisenweihe im Kloster schön hergerichteten Korb eine Krenwurzel, wohl anstatt der »Bitterkräuter«, die zum alttestamentlichen Osterlamm-Essen gehörten. Aus der geweihten Krenwurzel wird der Oster-Kren zubereitet, der nicht nur zum Osterschinken, sondern zu vielen Fleischgerichten oder zu Aufschnitt und Brot gereicht werden kann.

OSTER-KREN

6 EL (Semmel-)Brösel
2 EL Weinessig
5 EL Milch

1/4 l Sahne
2 EL frisch geriebenen Kren
1 EL Zucker

Brösel, Essig und Milch verrühren, dann mit Kren, Zucker und Sahne vermengen. Beim Reiben des Krens auch kleinste Mengen sofort zudecken, sonst wird er bläulich und verliert an Schärfe.

Kapuzinerkloster
Kapuzinerplatz
I-39031 Bruneck

Die Kapuziner ließen sich Anfang des 17. Jahrhunderts in der 1251 vom Brixener Bischof Bruno gegründeten Stadt nieder. Im Jahre 1626 wurde die Kapuzinerkirche zur Hl. Dreifaltigkeit erbaut.
Bruder Martin schätzt die allgemeine Südtiroler Küche, bringt aber auch typische Pustertaler Speisen auf den Tisch. Eine Kostprobe der traditionellen Südtiroler Küche sind die Speckknödel. Für das Pustertal typisch sind die Preßknödel (Paterschlappen) und die Tirtlen.

SPECKKNÖDEL

300 g altbackenes Weißbrot
100 g geräucherter Speck
½ kleingehackte Zwiebel
1 EL Butter
2 EL feingehackte Petersilie

2 EL Schnittlauch
Salz
2 Eier
¼ l Milch
2 EL Mehl

Brot in kleine Würfel, Speck in sehr kleine Stückchen schneiden und mit den Brotwürfeln in eine Schüssel geben. Zwiebel in Butter anrösten und die Kräuter dazugeben, nach Bedarf salzen. Milch mit Eiern verquirlen und über die Brotwürfel gießen. Mehl darüberstreuen und alles zu einem Teig verkneten. Eine halbe Stunde rasten lassen, dann Knödel formen und etwa 15–20 Minuten in siedendem Salzwasser garen.

Die Knödel können mit Fleischsuppe, mit Sauerkraut, Salat oder zu Gulasch serviert werden.

PATERSCHLAPPEN
(Preßknödel)

300 g Knödelbrot
130 g Graukäse
2 Eier
Salz

knapp ¼ l Milch
2 EL Mehl
Öl zum Backen

Knödelbrot, kleingewürfelten Käse, Eier, Salz und Milch nach Bedarf zu einem Teig verarbeiten. Etwas ziehen lassen, dann das Mehl einarbeiten. Knödel daraus formen, diese dann wie ein Fleischkrapferl plattdrücken. In heißem Öl auf beiden Seiten anbraten, dann sofort in kochendem Salzwasser 8 Minuten leicht sieden.

Preßknödel schmecken vorzüglich in Fleischsuppe oder zu Sauerkraut oder grünem Salat.

TIRTLEN

250 g Roggenmehl
250 g Weizenmehl
2 Eier
Salz
80 g Butter
lauwarmes Wasser nach Bedarf
Fett zum Ausbacken

Topfen-Kartoffel-Füllung:
200 g Topfen
100 g gekochte, geraspelte Kartoffeln
Salz, 2 EL Schnittlauch
oder
Topfen-Spinat-Füllung:
200 g Topfen
200 g gekochter, passierter Spinat
Salz, Pfeffer, Muskat

Roggenmehl mit Weizenmehl und Salz mischen, mit Eiern, Butter und Wasser nach Bedarf zu einem glatten, nicht zu festen Teig verarbeiten. Zugedeckt eine Stunde rasten lassen, dann ausrollen und handtellergroße Scheiben ausschneiden oder ausstechen.

Für die Füllung die angegebenen Zutaten mischen, dann etwa 1 Eßlöffel davon auf die Hälfte der Teigblätter geben, mit einem zweiten Blatt abdecken und die Ränder gut andrücken. Tirtlen in heißem Fett hellbraun backen. Sie können warm oder kalt gegessen werden.

Bruder Martin empfiehlt auch die süße Variante aus dem gleichen Teig (auch Hasenöhrl genannt); dafür werden die Tirtlen viereckig geformt, mit Marmelade gefüllt und nach dem Backen mit Staubzucker bestreut.

Benediktinerkloster Marienberg
I-39024 Burgeis/Mals

Die burgartige Benediktinerabtei ist weithin sichtbar, in steiler Höhe über Burgeis gelegen. Sie wurde im Jahre 1146 von den Grafen von Tarasp erbaut und von den Gründern mit schwäbischen Mönchen aus Ottobeuren besetzt. Sehenswert ist die 1156 geweihte Krypta, deren Fresken aus der Gründungszeit hervorragende Zeugnisse der romanischen Malerei sind und zu den ältesten in Südtirol gehören. Die Stiftskirche wurde als dreischiffige Pfeilerbasilika gebaut und 1201 fertiggestellt. Der Innenraum wurde Mitte des 17. Jahrhunderts sehr sparsam im Stil der Wessobrunner Schule barockisiert.
Bei besonderen Festen, oder wenn dem Kloster entsprechendes Wildbret geschenkt wird, bereitet Bruder Gallus in der Wildsaison Hirschbraten zu.

MARIENBERGER HIRSCHBRATEN
(nach Bruder Gallus, der als erfahrener Koch keine Mengenangaben braucht und auch keine angibt)

3 kg Hirschschlegel (für 15 Personen)
Gewürzmischung:
Salz, Pfeffer, Muskat, Lorbeerblätter, Nelken,
Zimtrinde, Kranebittbeeren, Pfefferkörner, Neuwürz,
Majoran, Oregano, Dill, Rosmarin
gehackte Salbeiblätter
gehackte Petersilie

Sellerie
Zwiebel
Knoblauch
Karotten
Kartoffeln
Zitrone mit Schale und Saft
Rotwein zum Aufgießen

Den gut abgelagerten, gehäuteten Hirschschlegel mit der Gewürzmischung gut einreiben und in einen Bräter geben. Kräuter, kleingeschnittenes Gemüse, Zitronensaft und -schale zugeben. Mit Rotwein aufgießen und den

Dabei mehrmals mit Bratensaft und Rotwein begießen.

Fertigen Braten aus dem Bräter nehmen und heiß stellen. Soße fertigstellen: Fett falls nötig abschöpfen, Bratenansatz lösen, Soße mit etwas Mehl binden, durch ein Sieb gießen, nach Bedarf noch etwas Rotwein oder Wasser zugeben und fertig abschmecken. Fleisch tranchieren und in der Soße servieren.

Casa Provinciale Suore die Carità

Provinzhaus der
Barmherzigen Schwestern
Laurinstraße 77
I-39012 Meran

Die Barmherzigen Schwestern, die im Geist des heiligen Vinzenz von Paul und der heiligen Luise von Marillac leben und arbeiten, erwarben das heutige Provinzhaus 1940 und bauten es nach ihren Bedürfnissen um. Es beherbergt heute die Provinzleitung, das Noviziat und die Schwestern im Ruhestand. Die meisten Schwestern der Gemeinschaft arbeiten in verschiedenen Krankenhäusern und Altenheimen Südtirols. Küchenschwester Maria Martha empfiehlt:

HÄHNCHEN NACH TEUFELSART

1 küchenfertiges Hähnchen
Salz, Pfeffer
Öl zum Braten und Bestreichen

scharfen Senf zum Bestreichen
Brot(Semmel-)brösel zum Bestreuen
4 Scheiben Speck

Hähnchen in vier Stücke teilen, etwas klopfen, salzen, pfeffern und in heißem Öl anbraten, bis es Farbe angenommen hat. Hähnchenteile mit Senf bestreichen, mit Brot(Semmel-)brösel bestreuen und mit etwas Öl bestreichen. Im Backrohr etwa 20 Minuten bei 175 Grad fertiggaren. Mit einer Scheibe gebratenem Speck belegen und servieren.

MÜRBTEIGKRANZ MIT HASELNUßFÜLLE

30 dag Mehl
2 gestr. TL Backpulver
10 dag Zucker
1 P. Vanillezucker
1 Prise Salz
1 Ei
2 EL Milch
12 dag Butter

Fülle:
20 dag gemahlene Haselnüsse
10 dag Zucker
2 EL Rum
1 Ei
4–5 EL Wasser

Mehl mit Backpulver vermischt auf die Arbeitsfläche geben, in die Mitte eine Vertiefung eindrücken. Zucker, Vanillezucker, Salz, Ei und Milch in die Mehlgrube geben. Butter in kleinen Flöckchen zufügen und alles rasch zu einem Mürbteig verkneten.

Für die Fülle alle angegebenen Zutaten in einer Schüssel zu einer geschmeidigen Masse verrühren. Den Teig in Backblechgröße ausrollen, mit der Fülle bestreichen und zu einer Rolle formen. Diese kranzförmig auf ein mit Backpapier belegtes Blech legen und bei 175 Grad etwa 40 Minuten backen.

Kapuzinerkloster
Rennweg 153
I-39012 Meran

Meran unterstand dem Fürstbischof von Chur, als im Jahre 1611 der Grundstein für das Kloster gelegt wurde. Wegen seiner hervorragenden materiellen und moralischen Unterstützung gilt Erzherzog Maximilian als Stifter des Klosters.

Kirche und Kloster wurden 1711 vergrößert. Im August 1808 hob die bayerische Regierung das Kloster auf. Im April 1809 konnten die Kapuziner wieder zurückkehren.

Im Laufe der Jahrhunderte wurden vom Kloster aus verschiedene seelsorglich-pastorale Aufgaben begonnen und geleistet.

Der Guardian des Klosters, Pater Daniel, macht auf eine traditionelle Speise aufmerksam, die heute völlig vom Speiseplan verschwunden ist, die ihrer großen Bedeutung wegen aber festgehalten werden soll:

Das Stockfisch-Essen war lange Zeit das Hauptgericht während der ausgedehnten Fastenzeiten von Allerheiligen bis Weihnachten und in der 40tägigen Fastenzeit. Gelegentlich wurden auch Wohltäter des Klosters dazu eingeladen. Das Stockfisch-Essen war kein Spezifikum des Kapuzinerklosters Meran, es wurde in sämtlichen Klöstern Südtirols, und nicht nur dort, verabreicht. Fisch galt als Arme-Leute-Essen.

Der Stockfisch, Kabeljau, der in großen, getrockneten »Scheitern« geliefert und auf dem Dachboden trocken aufbewahrt wurde, mußte erst einer langwierigen Prozedur unterzogen werden, bis er »küchenfertig« zur weiteren Zubereitung hergerichtet war:

– in Stücke sägen
– in Wasser einweichen
– in Natronlauge 3–4 Tage einlegen (bis die Fischstücke weich waren)
– 8 Tage lang in Wasser legen, dabei das Wasser alle 2 Tage wechseln
– Stockfisch abtrocknen und zubereiten

STOCKFISCH NACH VIZENTINER ART

Stockfischportionen für 4 Personen

1 EL Butter	*1 Knoblauchzehe*
2 EL Öl	*5 Sardellen*
1 gehackte Zwiebel	*1 Glas Weißwein*
1 kleiner Bund Petersilie, gehackt	*1 Glas Milch oder Sahne*
	Salz, Pfeffer

Stockfisch in Fischwasser oder in Brühe aufkochen und etwas ziehen lassen, dann von den Gräten befreien. In einer Kasserolle Butter und Öl erhitzen, Zwiebelwürfel, Petersilie, die zerdrückte Knoblauchzehe und die Sardellen anrösten. Fischstücke zugeben, mit Wein und Sahne oder Milch angießen, salzen und pfeffern und im Backrohr etwa 20 Minuten bei Mittelhitze dünsten.

Tip der Autorin: Probieren Sie dieses Rezept mit frischen Kabeljaufilets!

Suore Salvatoriane
Salvatorianerinnen
Schönblickstraße 6
I-39012 Meran-Obermais

Das Provinzhaus der Salvatorianerinnen für Südtirol und die Häuser in der Schweiz wurde 1905 von Salvatorianer-Patres erbaut und 1912 von den Schwestern übernommen.

Heute führen die Salvatorianerinnen eine Schule und ein Internat für Mädchen sowie eine Fremdenpension für Gäste, die in ruhiger Atmosphäre erholsamen Urlaub machen wollen.

Schwester Gabriela empfiehlt leichte Küche für die Hausgäste:

KRESSESUPPE

½ Zwiebel, fein gehackt
30 g Butter
⅛ l Weißwein
½ l Fleischsuppe

80 g Kresse, gewaschen
⅛ l Sahne
1–2 Eigelb
Salz

Zwiebelwürfel in Butter andünsten, mit Wein und Fleischsuppe aufgießen und aufkochen lassen. Kresse zugeben und mit dem Mixstab pürieren. Sahne mit

Eigelb verrühren, Suppe damit binden, nach Belieben salzen und mit gerösteten Weißbrotwürfeln servieren.

BANDNUDELN MIT RÄUCHERLACHS

300 g Bandnudeln
30 g Butter
½ Zwiebel
100 g Rohschinken
100 g Räucherlachs

1 kleine Dose Pelati
1 Glas Weißwein
etwas Sahne
Salz, Pfeffer
1 EL gehackte Petersilie

Zwiebel fein schneiden und in der Butter hell anrösten. Fein geschnittenen Rohschinken dazugeben und mit Wein ablöschen. Pelati zufügen, mit Salz und Pfeffer würzen und etwa 15 Minuten leicht dünsten. Inzwischen die Bandnudeln bißfest kochen.

Den in Streifen geschnittenen Lachs und die Sahne in die Soße geben und diese mit den abgetropften Bandnudeln vermischen. Nach Belieben mit Petersilie bestreuen und sofort servieren.

Istituto del Sacro Cuore

Herz-Jesu-Institut
der Tertiarschwestern des heiligen Franziskus
I-39037 Mühlbach im Pustertal

Die Gründerin der Ordensgemeinschaft, Maria Hueber, wurde 1653 in Brixen geboren, legte 1700 dort in der Klarissenkirche die öffentlichen Gelübde ab und begann mit einer Mitschwester ein klösterliches Leben. Maria Hueber gründete in der Runggadgasse in Brixen die erste unentgeltliche Mädchenschule des Landes.
Das Herz-Jesu-Institut in Mühlbach wurde 1856 als Filiale errichtet.
Das Klostergebäude war Sitz adeliger Familien und hieß »Freyenthurn«. Wahrscheinlich wurde der »Thurn« (Turm) um 1270 erbaut. Nach mehrmaligem Besitzerwechsel war der Ansitz bis 1790 im Besitz der Grafen von Enzenberg und Freyenthurn, bis 1850 war er Amtssitz des Landgerichtes Mühlbach.
Zwei große Wohltäter der Tertiarschwestern, der Brixener Domherr Franz Hirn und der Mühlbacher Handelsmann und Gastwirt Franz Xaver Gasteiger, wollten im Ansitz eine Mädchenschule errichten, erwarben das Gebäude und übergaben es 1856 den Tertiarschwestern von Brixen. Die Schwestern führten anfangs eine Art Grundschule, später einen zweijährigen Kurs für Mädchen, die der Schulpflicht entwachsen waren.
Seit dem Schuljahr 1963/64 wird die Schule im Herz-Jesu-Institut als staatlich anerkannte Mittelschule für Mädchen geführt.
Schwester Agnes Klara bäckt für Gäste gerne Heidenmehltorte und serviert sie mit Preiselbeeren und Sahne.

HEIDENMEHLTORTE
(Buchweizentorte)

3 Eier
13 dag weiche Butter
13 dag Zucker
Mark einer Vanilleschote
oder 1 P. Vanillinzucker

13 dag gemahlene Nüsse
13 dag Buchweizenmehl
3 TL Backpulver
Preiselbeeren und Sahne nach Belieben

Eier trennen, Eiweiß zu Schnee schlagen. Butter mit Zucker schaumig rühren, Vanillemark oder Vanillezucker und Eidotter nach und nach zugeben und weiterrühren. Nüsse mit Buchweizenmehl und Backpulver mischen und vorsichtig untermengen, Eischnee unterziehen. Den Teig in eine gefettete, gebröselte Tortenform füllen und bei 175 Grad etwa 50 Minuten backen.
Mit Preiselbeeren und Sahne servieren.

Augustiner Chorherrenstift
Neustift
Stiftstraße 1
I-39040 Vahrn

Zweieinhalb Kilometer nördlich von Brixen wurde das Kloster Neustift von Bischof Hartmann 1142 am Treffpunkt wichtiger Verkehrs- und Pilgerwege gegründet. Der Bischof und sein Ministeriale, Reginbert von Säben, statteten das Stift so reichlich mit Gütern aus, daß es sich rasch entfalten konnte.

Heute ziehen die imposante Stiftsanlage, die Stiftskirche, der feskierte Kreuzgang, der prachtvolle Rokoko-Bibliothekssaal, die Gemäldegalerie, die Viktorskapelle mit frühgotischen Fresken im Linearstil und der Wunderbrunnen die Besucher an. Den besonderen Reiz der Stiftsbasilika macht ihre Baugeschichte aus, die sich über sieben Jahrhunderte und über drei Baustile spannt.

Das Stift ist mit einer land- und forstwirtschaftlichen Nutzfläche von fast 1200 Hektar ökonomisch autark. Die wirtschaftlichen Schwerpunkte liegen neben der Verwaltung des Grundbesitzes im Bereich Erziehung und Weiterbildung (Bildungshaus mit Zentren für Bibelarbeit, Ökologie und Computertechnik, Schülerheim), im kunsthistorischen Bereich mit Stiftsführungen und in der Weinkellerei mit Ausschank und Verkauf.

In der Stiftskellerei werden jährlich knapp eine halbe Million Flaschen abgefüllt, derzeit 9 Weißwein- und 5 Rotweinsorten. Im Angebot des Stifts finden sich auch zwei Schnapssorten, darunter der erste Sylvanerschnaps Südtirols, und neuerdings der Neustifter Kräutertee nach einer alten Rezeptur aus der Klosterapotheke.

Als Seelsorger betreuen die Neustifter Chorherren 20 Pfarreien in den Diözesen Bozen-Brixen und Innsbruck. Der Küchenchef des Stiftes, Hans Putzer, achtet auf gesunde Ernährung und kocht gerne vollwertig.

KARTOFFEL-MELANZANE-AUFLAUF

500 g gekochte Kartoffeln
1 große Melanzane (Eierfrucht)
Vollmeersalz
2 Knoblauchzehen
frisch gemahlener Pfeffer
etwas Tomatensoße
etwas Butter
ca. 4 EL Parmesankäse, gerieben
Origano

Béchamelsoße:
½ l kaltes Wasser
100 g fein gemahlenes Vollkornmehl
Vollmeersalz
Pfeffer, Muskatnuß
1 EL Butter
100 ml Rahm
etwas Parmesankäse

Melanzane in Scheiben schneiden und kurz dünsten. Für die Béchamelsoße Vollkornmehl in das kalte Wasser einrühren, erhitzen, salzen und kurz aufkochen lassen. Vom Feuer nehmen und zugedeckt mindestens 10 Minuten quellen lassen, dann mit den restlichen Zutaten mischen und abschmecken.
Eine Auflaufform mit Butter ausstreichen, etwas Soße darin verteilen, die in dünne Scheiben geschnittenen Kartoffeln einschichten und salzen. Die vorgedünsteten Melanzanescheiben darauf verteilen und mit Salz, Pfeffer und zerdrücktem Knoblauch würzen. Mit der restlichen Béchamelsoße abdecken. Tomatensoße darüber verteilen und Parmesankäse, Butterflöckchen und Origano darüberstreuen. Auflauf bei 200 Grad etwa 30 Minuten backen.

SYLVANER WEINSCHAUM
(für 6 Personen)

½ l Sylvaner
4 Eidotter

100 g Zucker

Alle Zutaten in einen »Schneekessel« (tiefe Metallschüssel mit gewölbtem Boden) geben, mit dem Schneebesen gut vermengen und im Wasserbad unter ständigem Rühren aufkochen. Der Weinschaum wird dadurch dickcremig. Sofort servieren.

KÄSENOCKEN

300 g Knödelbrot
¼ l Milch
300 g (etwas pikanten) Käse
1 Zwiebel, fein gewürfelt
1 EL Butter
1–2 EL Mehl

2–3 Eier
2 EL Schnittlauch oder Petersilie
Salz
80 g Butter
Parmesankäse zum Bestreuen

Knödelbrot mit lauwarmer Milch übergießen und weichen lassen. Käse klein würfelig schneiden, Zwiebelwürfel in heißer Butter rösten und zum Knödelbrot geben. Mehl, Eier, Schnittlauch oder Petersilie und Salz dazugeben und alles gut vermengen. Beliebig große Nockerl formen, in Salzwasser etwa 15 Minuten leicht kochen lassen, dann herausnehmen und abtropfen lassen. Mit gebräunter Butter übergießen und mit Parmesan bestreuen.

Kapuzinerkloster
Frundsbergstraße 5
I-39049 Sterzing

Im Jahre 1629 wurde der Bau des Klosters, 1636 der Bau der Klosterkirche begonnen. Das ehemalige Klostergebäude wurde 1959 umgebaut und dient seit 1973 dem Land Südtirol als Schulgebäude. Für die Ordensleute entstand ein neues Heim im Kapuzinergarten, das sie 1974 bezogen. Die Klosterkirche St. Magdalena ist ein schlichter Kapuzinerbau mit Seitenkapelle.

In der Küche der Kapuziner gibt es typische Südtiroler Kost. Ein nachahmenswertes Beispiel sind die Sterzinger Krapfen.

STERZINGER KRAPFEN

½ kg Roggenmehl
½ kg Weizenmehl
10 dag zerronnene Butter
2–3 Eier
Salz
⅛ l lauwarme Milch

Fülle:
6 Äpfel oder Birnen
¼ kg Zucker
10 dag Sultaninen
¼ kg Magertopfen
1 EL Preiselbeeren
etwas Zimt, Nelkenpulver nach Geschmack
Öl zum Ausbacken
Staubzucker zum Bestreuen

Für den Teig die angegebenen Zutaten gut miteinander vermischen und kneten. Anschließend zugedeckt rasten lassen. Teig zu Rollen formen, Scheiben abschneiden und diese zu dünnen Plättchen austreiben (ausrollen).
Für die Fülle Äpfel oder Birnen kleinwürfelig schneiden und mit den restlichen Zutaten vermengen. Die Fülle so auf die Teigplättchen geben, daß sich diese zu Halbmonden schließen, zudrücken und abradeln lassen. Krapfen in heißem Öl braun backen.
Kurz vor dem Servieren mit Staubzucker überstreuen.

Literatur

Amschwand, P. Rupert: Benediktinerkloster Muri-Gries-Sarnen, Sarnen, 1981, 3. Auflage

Barmherzige Schwestern in Untermarchtal: Erprobte Kochrezepte, Selbstverlag des Mutterhauses der Barmherzigen Schwestern in Untermarchtal 1937

Beaugrand, Günter: Kardinal von Galen: Der Löwe von Münster, 4., erw. Aufl., Ardey-Verl., Münster 1996

Becker, E. und Huck, G., (Hrsg.): Bayerischer Klosterführer, Nürnberg 1987, 2. Aufl.

Benediktinerabtei Weltenburg (Hrsg.): Abtei Weltenburg, 150 Jahre Wiedererrichtung, 550 Jahre Wallfahrt zur Frauenbergkapelle, Weltenburg 1992

Benediktinerinnen auf Burg Dinklage: Geschichte der Burg Dinklage, Manuskriptdruck der Mattheiser Offizin GmbH Trier

Benediktinerinnen in der Au, Trachslan bei Einsiedeln: Benediktinerinnenkloster zu Allen Heiligen in der Au bei Einsiedeln, Au bei Einsiedeln, 1992

Benediktinerinnen-Abtei Frauenwörth/Chiemsee (Hrsg.): Geschichte der Abtei Frauenwörth 782/1982, St. Ottilien 1982

Benediktinerinnen vom Heiligsten Sakrament in Köln (Hrsg.): Wegspuren: Eine hundertjährige Geschichte... 1890–1990, Lingen, Köln

Benediktinerpriorat St. Ansgar: Kloster Nütschau, Benediktinerpriorat St. Ansgar, Werden und Wachsen (als Manuskript gedruckt)

Bethlehem Mission Immensee, Kommunikationsresort: Tun, was wir können, Immensee 1995

Beuroner Kunstverlag: Erzabtei Beuron, Kloster Kirche Umgebung, Beuron 1992, 4., neu bearbeitete Auflage

Bilgri, Anselm: Kochen für Leib und Seele: Das Kloster-Andechs-Kochbuch, Sankt Ulrich Verlag, Augsburg 1994

Bischöfliches Zentralarchiv und Bischöfliche Zentralbibliothek Regensburg, Kataloge und Schriften, Mai, Paul, (Hrsg.): 850 Jahre Prämonstratenserabtei Windberg, Schnell & Steiner, München/Zürich 1993

Die kontemplativen Frauenklöster im Bistum Münster (Hrsg.): Meine Seele dürstet nach Dir, mein Gott! Ps 63,2, Informationen über die kontemplativen Frauenklöster im Bistum Münster

Dillinger Franziskanerinnen (Hrsg.): Dillinger Franziskanerinnen 1241–1991

Dominikanerinnen im Kloster Schlehdorf: Kochbuch der Haushaltskursistinnen, Schlehdorf bei Kochel

Duschl, Josef: Klöster um Passau, Neue Presse Verlag, 2. Aufl. 1989

Éditions du Signe (Hrsg.): Klara von Assisi, eine Botschaft des Lichtes, Straßburg 1991

Ellegast, Dr. Burkhard: Stift Melk, Eigenverlag Stift Melk, 7., korrigierte Auflage 1993

Flüeler, Nikolaus, (Hrsg.): Knaurs Kulturführer in Farbe Schweiz, München: Droemer Knaur, 1982

Genossenschaft der Barmherzigen Schwestern in Untermarchtal e. V. (Hrsg.): 1891–1991 Mutterhaus der Barmherzigen Schwestern vom Heiligen Vinzenz von Paul, Untermarchtal

Gesellschaft Mariens (Maristen), Deutsche Provinz der (Hrsg.): Eine Ordensgemeinschaft in der Kirche: Maristen, Gesellschaft Mariens SM, Fürstenzell

Grégoire, Reginald, u. a.: Die Kultur der Klöster, Stuttgart, Zürich: Belser 1995

Hausberger, Karl: Das Bistum Regensburg, Mittelalter, Regensburg 1991

Henggeler, P. Rudolf: Das Kloster Fahr, Ein Führer durch das Kloster und seine Geschichte, 7. Aufl.

Hermann, P. Friedrich: St. Peter Salzburg, Christliche Kunststätten Österreichs, Nr. 1, Verlag St. Peter, Salzburg, 22., verbesserte Auflage 1994

Kirmeier, Josef, und Treml, Manfred, (Hrsg.): Glanz und Ende der alten Klöster: Säkularisation im Bayerischen Oberland 1803, Haus der Bayerischen Geschichte, München 1991

Klebelsberg, Urban v., Neustift, Vahrn, Südtirol: »Die Wirtschaft des Stiftes in der Gegenwart« (Aufsatz)

Kohlhaas, Emmanuela: Es singe das Leben, Münsterschwarzach: Vier-Türme-Verlag 1988

Konrad, Anton H., Verlag: Sankt Irmengard, Die Heilige des Chiemgaus

Kroiss, P. Matthäus, Schweiklberg: »Die Benediktinerabtei Schweiklberg bei Vilshofen. Ihr Werden und ihre Sendung.« (Aufsatz)

Matthias-Grünewald-Verlag: Klosterführer: Christliche Stätten der Besinnung im deutschsprachigen Raum, Mainz 1993

Mehling, Franz N. (Hrsg.): Knaurs Kulturführer in Farbe Österreich, München/Zürich 1993

Mehling, Marianne (Hrsg.): Knaurs Kulturführer in Farbe Bodensee und Oberschwaben, München/Zürich, 6., korrigierte Aufl. 1993

Mehling, Marianne (Hrsg.): Knaurs Kulturführer in Farbe Oberbayern, München 1982

Meisterjahn, Bernward: Kloster Steinfeld, Peda, Passau 1995

Mittler, Placidus: Abtei Michaelsberg Siegburg – Geschichte und Leben, Schmitt, Siegburg 1987

Missions-Benediktinerinnen Tutzing (Hrsg.): 100 Jahre Missions-Benediktinerinnen Tutzing, EOS Druckerei St. Ottilien

Missionsprokura Münsterschwarzach: Die Missionsarbeit der Abtei Münsterschwarzach, 1993

Österreichische Benediktinerkongregation (Hrsg.): Benediktiner in Österreich, Eigenverlag der Österreichischen Benediktinerkongregation, 1993

Peintner, Prof. Martin: Chorherrenstift Neustift (Südtirol), Brixen 1992

Reichhold, P. Anselm: Die Scheyerer Fürstenbilder in der Wittelsbacher Grabkirche, Abtei Scheyern (Hrsg.), 2. Aufl. 1993

Reichhold, P. Anselm: Das heilige Kreuz von Scheyern, Benediktinerabtei Scheyern (Hrsg.) 1981

Riedl, Christine Charlotte: Lindauer Kochbuch, Lindau 1869

Schnell, Benediktinerabtei Gerleve, Kunstführer Nr. 1178, Schnell & Steiner, 3., überarbeitete Auflage, Regensburg 1995

Schnell, Einsiedeln, Kunstführer Nr. 538, Schnell & Steiner, 14. Aufl., Regensburg 1995

Schnell, Stift Geras, Kunstführer Nr. 653, Steiner & Schnell, 5. Aufl. 1989

Schnell, Stift Seitenstetten, Kunstführer Nr. 662, Steiner & Schnell, 5., neubearbeitete Aufl., Regensburg 1996

Schnell, Wallfahrtskirche Mariazell, Kunstführer Nr. 478, 15., veränderte Aufl., Regensburg 1995

Seraphisches Liebeswerk Altötting (Hrsg.): Festschrift zum 100jährigen Bestehen des Seraphischen Liebeswerkes Altötting 1989

Seraphisches Liebeswerk Altötting (Hrsg.): Kleine Festschrift zum 100jährigen Bestehen des Franziskushauses Altötting 1993

Simmen-Kistler, Gabriela: Das Kloster Fahr AG, Gesellschaft für Schweizerische Kunstgeschichte 1988

Sirch, Alfred: Kloster Gars, Geschichte und Gegenwart, Redemptoristenkloster Gars 1994

Sprenger Viol, Inge: Ein Leben gegen Elend und Unrecht, Verlag Herder Freiburg i. Br. 1995

Steidle, P. Basilius OSB: Die Benediktus-Regel – Lateinisch-Deutsch, 3. Aufl., Beuron

Steiner, Hilda-Maria: Baldegger Schwestern 1830–1980, Baldegg, Schweiz

Stift Schlägl: Prämonstratenserstift Schlägl, Kunstverlag Hofstetter, Ried im Innkreis 1992

Stift Schlägl, Kulturabteilung (Hrsg.): Ein Kloster stellt sich vor: Prämonstratenser-Chorherren-Stift Schlägl in Geschichte und Gegenwart, Landesverlag Linz 1990, 4., veränderte Auflage

Szukics, P. Beda, Kollegium Sarnen: Sarner Kollegi Chronik, 58. Jg. 1/96

Trafojer, P. Ambros OSB: Das Kloster Gries (Bozen), 2. Aufl., Muri-Gries 1982

Volgger, Siegfried, Das Klarissen- und Franziskanerkloster in Brixen, Bozen 1991

Zisterzienser des Stiftes Rein (Hrsg.): Stift Rein, Christliche Kunststätten Österreichs, Nr. 220, Verlag St. Peter, Salzburg 1993

Zisterzienserstift Schlierbach (Hrsg.): Stift Schlierbach 1990

Original-Texte

Benediktinerstift Admont: »Culinarische Notizen 1708–1770«:
»Apostelessen 1713«

Benediktiner-Erzabtei Beuron: »Handbüchlein für die Brüder in der Küche im Kloster St. Martin Beuron« (1871):
10. Himbeertorte
11. Erdbeertorte
12. Johannisbeertorte
13. Sehr guter Butterteig von saurem Rahm

Franziskanerkloster Graz: »Schau Platz Der Algemeinen Hauß Haltung undt Gartenbau«:
»Ein Huhn mit Saurampffer zu kochen«
»Von allerhand Tarten zu machen«

Benediktinerabtei Metten: »Prüfeninger Mansarde 3447«, Prüfeninger Bezeichnung: XCIII 93, vermutlich spätes 16. Jh.:
»Koch Buch«:
»Haüßen oder Lox Pastetten Zu machen«
»Wie man die Öpffel Pachen soll«
Benediktinerabtei Ettal: »Teluma philosophorum Heimlichkeiten der Naturen genannt, Freiburg 1525«

Benediktinerstift Seitenstetten: »Nova typis transacta navigatio« 1621 (Lateinische Beschreibung der zweiten Reise des Christoph Columbus nach Amerika 1493)

Beschreibung der Kartoffel
Erdäpfelspeisen

Begriffserklärungen

ansautieren	kurz anbraten
Baumnüsse	Walnüsse
Beiried	Rindsrippenstück
Blaukraut	Rotkohl
Blunzen, Blunz'n	Blutwurst
Bouillon	Fleischbrühe
Brösel, Semmelbrösel	Paniermehl, Weckmehl
Calvados	Apfelbranntwein
Chabis, Kabis (schweiz.)	Kohl, Kraut
dag, Dekagramm	10 Gramm
Dampfl	Vorteig
Dotter	Eigelb
Dünkle (schweiz.)	dünne, kleine Scheibchen
Eierschwammerl	Pfifferlinge
Eierklar	Eiweiß
Erdäpfel	Kartoffeln
Faschiertes	Hackfleisch
Fond	Garextrakt (z. B. Bratensaft)
Germ	Hefe
Gerstl, Rollgerste	Graupen
Geselchtes, Geräuchertes	geräuchertes Fleisch
grüner Speck	frischer, ungepökelter, ungeräucherter Speck
Heidenmehl	Buchweizenmehl
Karfiol	Blumenkohl
Karotten	Möhren
Kirschenröster	gedünstete Kirschen
Kraut	Kohl
Kren	Meerrettich
Limone	dickschalige Zitrone
Lungenbraten	Lendenbraten, Filet

Marillen	Aprikosen
Maroni	Edelkastanien, Eßkastanien
Most	Obstwein
Nockerl, Nockerln	Klößchen
Nocken	längliche Klößchen
Obers, Schlagobers	Sahne, Schlagsahne
Palatschinken	Pfannenkuchen
Paradeiser	Tomaten
Pavese, Pafese, Povese	gebackene Weißbrotschnitte
Pignoli	Pinienkerne
Porree	Lauch
Powidl	Pflaumenmus
Rahm	saure Sahne
reduzieren	Einkochen einer Flüssigkeit auf die gewünschte Konsistenz
Rindssuppe	Rindfleischbrühe
Röster	Kompott oder Mus
Schalotte (fr.)	kleine Zwiebel
Selchfleisch	Rauchfleisch
Selchspeck	Rauchspeck, Räucherspeck
Staubzucker	Puderzucker
Tirtlen	gefüllte, in Fett ausgebackene Teigtaschen (-blätter)
Topfen	Quark
versprudeln	verquirlen
Wähe (schweiz.)	flacher Kuchen
Weißbrotcroûtons	geröstete Weißbrotwürfel
Wildhendl	Rebhuhn
Zelten	reichhaltige Früchtebrote
Zwetschke	Zwetschge, Zwetsche

Verzeichnis der Speisen

Spezialitäten

Irmi Hofmann

Schmankerl aus dem Bauernjahr

Kulinarische Leckerbissen aus Ostbayern

184 Seiten mit zahlr. Abb., Geb.
ISBN 3-924484-42-2

Irmi Hofmann

Lieblingsplätzerl

Leckerl aus Ostbayern, Kekserl aus Oberösterreich

184 Seiten mit zahlr. Abb., Geb.
ISBN 3-924484-45-7

Irmi Hofmann

Lieblingsrezepte

aus Obst, Gemüse, Kartoffeln und Vollkorn

184 Seiten mit zahlr. Abb., Geb.
ISBN 3-924484-62-7

Irmi Hofmann

Kuchen und Torten

Die Krönung Ihrer Kaffetafel

184 Seiten mit zahlr. Abb., Geb.
ISBN 3-924484-82-1

Neue Presse Verlags-GmbH, Passau

Alfons Schuhbeck

Liebesmenüs

4. Auflage, 160 Seiten, Geb.
ISBN 3-431-03349-0

Ein Liebesmenü von Alfons Schuhbeck ist der ideale Beginn eines in jeder Hinsicht vielversprechenden Abends. Der sternedekorierte Meisterkoch, der seine Liebesmenüs auch im Hörfunkprogramm von Bayern 3 serviert, hat die wunderbare Wirkung frischer Kräuter und Gewürze, den entspannenden Effekt von wirklich frischem Gemüse und den erotisierenden Einfluß verschiedener Früchte für unsere Zeit wiederentdeckt. In diesem Buch stellt er eine Fülle raffinierter Kompositionen vor, die auch für Ungeübte leicht nachzukochen sind, so daß ein jeder mit Schuhbecks Liebesmenüs die sinnliche Wirkung kulinarischer Köstlichkeiten erfahren kann.

Ehrenwirth Verlag München

Wolfgang Küpper (Hrsg.)

Neues aus der Bayern-1-Küche

„Rezepte, die es in sich haben"

Ein BR-Buch – 96 Seiten, Geb.
ISBN 3-431-03471-3

Wolfgang Küpper (Hrsg.)

Einfach besser!

Musikjournal-Hörerinnen verraten ihre besten Koch- und Backrezepte

Ein BR-Buch – 2. Auflage, 96 Seiten, Geb.
ISBN 3-431-03365-2

Wolfgang Küpper (Hrsg.)

Ihre Rezepte!

Musikjournal-Hörerinnen verraten ihre neuesten Kochrezepte

Ein BR-Buch – 96 Seiten, Geb.
ISBN 3-431-03429-2

Wolfgang Küpper (Hrsg.)

Mein jüngstes Leibgericht

Musikjournal-Hörerinnen verraten ihre besten Kochrezepte

Ein BR-Buch – 2. Auflage, 96 Seiten, Geb.
ISBN 3-431-03312-1

Für die in ganz Bayern populäre „Koch- und Backstube" des **Musikjournals** auf Bayern 1 haben die Hörerinnen und Hörer die Geheimnisse ihrer persönlichen Kochkünste gelüftet. Aus der großen Zahl der eingereichten Rezeptideen hat der beliebte Moderator Wolfgang Küpper eine Sammlung der köstlichsten Gerichte zusammengestellt.
Ein großes Kompliment an den Ideenreichtum der Hörerinnen und Hörer.

Ehrenwirth Verlag München